復讐の教科書

やられた以上にやり返す報復のための100メソッド

復讐友の会
しまそたい◎著

The Revenger's Handbook

三オブックス

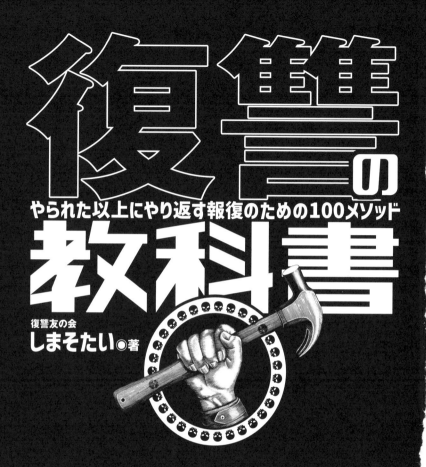

本書をめくる前に

あなたが復讐を考えている相手の名前と、その理由をここに書き記して下さい。書き終わったら、深呼吸をして一度気持ちを落ち着かせてみて下さい。それでも復讐したい気持ちに変わりがないようなら、その段階ではじめて本書を開いて下さい。本書の内容には、筆者の妄想やフィクションが含まれています。あくまで読み物としてお読み下さい。妄想はするだけなら自由です。しかし、妄想を安易に実行すれば刑事的・民事的に責任を問われたり、社会的な制裁を受ける可能性があります。この本をめくった結果、あなたや周りの人達にどのような事態が生じても、筆者および小社は一切の責任を負いかねます。

はじめに◉復讐の哲学

あなたにはどうしても許せない相手がいるだろうか？　それは会社の上司や同僚だろうか？　プライベートで付き合いのある友人だろうか？　不義理を働いた元恋人や、学校でイジメを行っていたクラスメイトが今になっても許せないということもあるかもしれない。

足を踏んだ方は忘れてしまうが、踏まれた方はその痛みを忘れることはないという。こちらに非がないにもかかわらず、一方的に受けた理不尽な仕打ちや嫌がらせ。その苦しみから解放されるためには、相手にその報いを受けてもらうしかない。

毒をもって毒を制す。そう、復讐だ。

復讐とは、相手に殴りかかったり罵ったりすることでは成し遂げられない。それでは、瞬間的に気は晴れるかもしれないが、後になって相手からさらなる仕返しに遭うリスクがある。自分までダメージを受けるやり方は賢いやり方ではない。

「相手に多大なダメージを与え、自分は絶対安全」。それが復讐の鉄則だ。

復讐するターゲットや周囲には、自分が報復したことを悟られてはならない。自分に疑いの目が向けられてもいけない。復讐された相手がどうやっても自分にたどり着くことがないように、自分は絶対的に安全な場所にいながら、相手だけを窮地に追い込んでいくのが復讐なのだ。

筆者は2006年に『復讐の本』(三才ブックス刊)を上梓した。さまざまなターゲットに対する復讐の具体的な方法と手順を解説したもので、各所から反響をいただいた。しかし、当時と現在とでは世情が大きく変化し、当時に書いた内容は古くなってしまった感が否めない。例えば携帯電話にしても当時はガラケーが主流でスマートフォンはなかったし、Ｔｗｉｔｔｅｒ（現Ｘ）やＬＩＮＥもなく、今ほど施設やインフラ設備のスマート化も進んでいなかった。もちろん社会の空気感も違う。

そこで現代の事情に合わせてアップデートし、最新版の復讐メソッドを改めてまとめたのが本書である。

本書で紹介する内容は、相応の効果が期待できるものばかりだ。自分の味わった痛みや屈辱をそのまま相手に返すだけでは済まさない。やられた以上にやり返すことができてしまうだろう。

しかし、その分リスクもある。復讐を計画したり妄想するのは自由だが、実際に行動に移すと自分にも被害が出たり、下手をすれば刑事的・民事的に責任を問われることにもなりかねない。今一度忠告しておこう。安易な実行はくれぐれもNGだ。

本書は復讐者のための本だが、あくまで自分の心を救うために読んでいただければ幸甚だ。「この知識があれば、いつでもお前を地獄に落としてやれる!」。そう思うことができるだけでも、心に余裕が生まれるだろう。

また、掲載した手口は復讐から身を守るためにも役立つはずだ。誰かに復讐される心当たりがあるあなたは、この本を読んで襟を正していただきたい。

2024年3月
しまそたい
(復讐友の会)

第1章

復讐の準備

情報を集める

職場、学校、近所……人間関係のあるところ、その中にはどう頑張っても理解がし難い、不愉快な言動をする人間がいる。相手の理不尽な物言いや態度にこちらの我慢も限界となった時、殴りかかるのは簡単だ。金属バットでも持ち出してフルスイングしてやれば、その瞬間はスッキリするだろう。

しかし、まともな脳味噌がある人はそんなバカなことはしない。「因果応報」[※]とはよくいったもので、反作用があるからだ。相手を殴ったり面罵したりすれば、後になって相手からのさらなる仕返しに遭うリスクがある。何より人前で暴力沙汰を起こせば証拠が残り、司法の手によって罰せられるハメになりかねない。

大前提として、復讐は自分の仕業だと決して相手に悟られてはな

※**因果応報**
善い行いをすれば善いことが起こり、悪い行いをすれば悪い報いがある。どのような行いも自分に返ってくる、という意味。

らない。復讐された相手がどうやっても自分にたどり着くことのないように何重にもガードを固め、自分は絶対的に安全な場所にいながら相手を窮地に追い込んでいく。それが、復讐の鉄則だ。

そのためには時間をかけることがまず重要になる。ターゲットから警戒されたり、疑いの目を向けられることのないように、復讐は年単位で行うくらいの忍耐力が必要だ。

また、コストがかかることを理解する。報復を果たすために物が必要になったり、何らかのサービスを利用する必要があっても、正義の鉄槌を下すための必要経費と割り切るしかない。

今一度自分の胸に手を当ててみて、それらの覚悟がすべてできていることが確認できたら、まずはターゲットの個人データを集めることから始める。復讐とは相手の素性を可能な限り掴み、ターゲットを丸裸にするところから始まるのだ。

まずはそのテクニックを紹介する。

ターゲットの自宅を特定する

復讐の第一歩は敵を知ること。家の住所、電話番号、SNSのアカウント、生年月日や交友関係など、ターゲットの情報を集めることが重要だ。復讐する相手が職場の同僚や友人であれば、ある程度のことはすでに分かっているかもしれないが、足りない情報は事前に補っておく必要がある。

まずは自宅の住所だ。相手が通っている会社や学校が分かっているなら、ターゲットの帰宅時に〝後についていく〟というアナログな方法で比較的容易に判明する。

ただし、焦ってはいけない。一気に自宅を特定しようと家先までついていくようなことをしてはダメだ。シロウトの尾行など必ずボロが出て、途中で気づかれてしまう。その辺りは尾行という技術※の問題なので、すぐにはカバーしようがない。

では、どうするか？　1回の尾行を短時間にし、短時間の尾行を重ねて特定していく方法をとる。絶対的な安全を確保しながら、日

※**技術の問題**
プロの探偵などは必ず2人以上のチームを組み、連携して尾行調査を行う。また、対象者との適度な距離感や周囲に溶け込む技術などを、尾行訓練や現場での経験を重ねて身につけている。

を空けて1つずつ情報を積み上げていくのだ。

例えば相手の交通手段が電車※だということだけ分かっていたとする。その場合、1日目はターゲットが帰宅時に使う駅、使う路線、乗る車両だけを確認する。1日目はそこまで。同じ電車に乗り込んだりはせず、それ以上深追いはしない。

ターゲットが乗る電車に同乗し、どの駅で降りるのかを特定するのは2日目以降だ。だが、その日は相手が降りたことを確認したら、自分はそのまま電車に乗ってやり過ごす。その駅がターゲットの自宅の最寄り駅なのか、乗り換えや寄り道のために降りたのかはまだ判断できないが、ここでもそれ以上の追跡は自重しておくのだ。

こうして日を替えて特定を進めることで、「帰りの電車に乗るのは大体この時間」「いつも6両目に乗る」「水曜日は寄り道する」など、相手の行動パターン※が分かるようになってくる。相手の行動パターンを把握しておくことは、相手に気づかれるリスクを避ける上で重要だ。

そして、ターゲットの自宅の最寄り駅を特定できても、そのまま

※交通手段が電車
相手が電車でどこまで行くのかは分からない。また、バスに乗り換える可能性などもあるので、交通系ICカード（SUICAやICOCAなど）の用意とチャージは必須。

※相手の行動パターンが分かる
相手の行動パターンが読めると、待ち伏せや先回りが可能になる。人は後をつけられていることには気づきやすいが、先回りされていることには意外と気づきにくい。

後を追うようなことはしてはいけない。最寄駅というのはターゲットにとっては文字通りホームだが、こちらは初見の場合が多い。土地勘がない状態で、何分歩くかも分からない道をついていくのはバレるリスクが高い。

ここまでの調査で、ターゲットが最寄駅に帰ってくる時間帯は大体分かっている。そこで、ターゲットが地元にいない曜日や時間帯を見計らい、あらかじめ駅前の地理をひと通り把握※しておく。「この通りは夜でも人通りが多い」「ここから先は生活道路になる」など、一見無意味に思える情報でも、事前に知っていればターゲットとの思わぬ鉢合わせを防ぐのに役立つ。このような流れで少しずつ尾行を重ね、安全を確保しながらターゲットの自宅を判明させるのだ。

そして、ターゲットの自宅にたどり着き、住所を特定できても長居は無用。最近はマンションだけでなく、一般家庭にも防犯カメラが設置されていることが多い。

ターゲット宅がマンションであれば、エントランスに集合ポスト

※地理をひと通り把握
この探索には1週間くらいの時間をかけていい。自分の足で歩いてみるのはもちろん、Googleマップも活用できる。ストリートビューに切り替えて自分の足でカバーできなかった小道を画像で確認したり、航空写真に切り替えて広域をチェックするのも有効だ。

があるはずだ。集合ポストには部屋番号と場合によっては表札が付いている。その場でターゲットの部屋番号を調べるようなことはせず、スマホのカメラで全体を撮影しておいて、後からじっくりターゲットの部屋番号をチェックすればいい。

相手の自宅が戸建住宅だったならば、表札に家族の名前があるかもしれないのでそれも押さえておく。昭和の時代には、表札に家族全員の名前を記すという謎の風習があった。古い家ならターゲット本人のほか、その両親や兄弟、子どもの名前などが記されていて、家族構成が判明する場合もある。家族構成と家族の名前という情報はそれだけではあまり意味はないが、些細な情報がさらなる情報を呼び、それが最終的に大きな情報につながることもある。一見関係なさそうな情報でも、手に入るものは押さえておくことが重要だ。

ターゲットの携帯電話番号を割り出す

個人情報の中でも今や最重要といえるのが携帯電話の番号だ。ひ

Googleマップのストリートビュー。ターゲットに不審がられず自宅付近を調べられる。

と昔前であれば、相手の電話番号を知っていてもイタ電したりネットで晒すのが関の山だったが、今では携帯電話番号がさまざまなサービスと紐づけられている。ネットショッピングや宅配サービスを利用するのにも、本人の携帯電話番号が必要だ。つまり、相手の携帯電話番号を知っていれば、相手になりすますことも不可能ではないということになる。

　とはいえ、最近は知り合い程度の関係であればＬＩＮＥのようなメッセージアプリでやり取りを済ませるため、相手の携帯電話番号を知らないことも多い。知り合いの知り合い経由で聞き出したり、ソーシャルハック的に直接本人から聞き出す手もあるが、よほどうまくやらないと不審に思われてしまう。相手にバレずに携帯電話番号を入手するのは意外と難しいのだ。

　ただ、相手の家の住所が分かっているなら話は別。意外なところから携帯電話番号が判明する場合もある。それは、ネットショッピングの配達物だ。例えば、Ａｍａｚｏｎから届く荷物にはシール状のラベルが貼られているが、お届け先を見ると宛名の下に電話番号

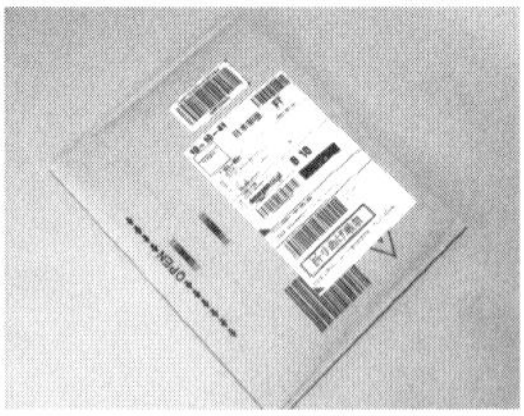

Amazonから届く商品は、お届け先の住所の下に電話番号が印字されていることがある。

がプリントされていることがある。小さめの荷物だと郵便ポストに投函されていることもあり、宛名部分がポストからはみ出していると、この電話番号の部分が読めてしまう。

さらに、コロナ禍以降、自宅での荷物受け取りを「置き配」に指定する人が増えている。つまり、オートロックのないマンションやアパートでは、玄関ドアの前などに受取人の電話番号が見られる状態で荷物が置かれていることになる。相手の住所が特定できれば、芋づる式に携帯電話番号まで分かってしまうわけだ。

ちなみに、近年は利用者が減少の一途をたどっているが、昭和世代の家では固定電話を敷設していることがまだ多い。そして固定電話の場合は、比較的容易に相手の電話番号が判明することがある。

NTTの電話帳データを元に電話番号を検索できるサイトやスマホ用アプリがあるので、それらを利用する。そこでターゲットの名前を検索すると、全国にいるターゲットと同姓同名の人物と住所、電話番号が表示されることがあるのだ。

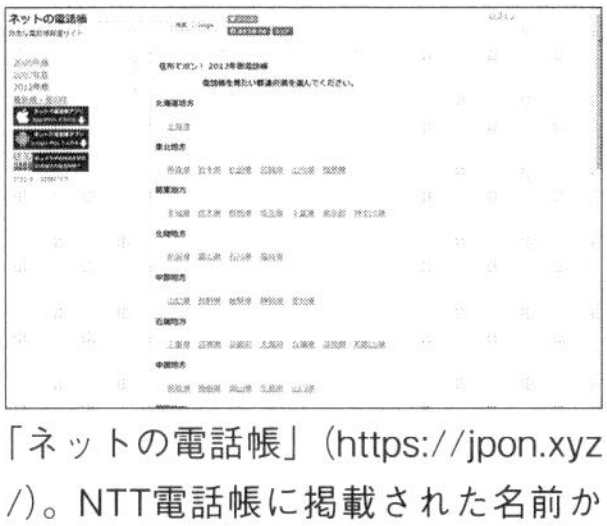

「ネットの電話帳」(https://jpon.xyz/)。NTT電話帳に掲載された名前から、電話番号や住所を割り出せる。

痕跡を残さず郵便物から情報収集

自宅の郵便ポストに毎日投入される郵便物。そこから得られる情報は実に多い。クレジットカードや携帯電話の利用明細、自治体からの通知や公共料金の請求書、普段利用している店舗や企業からの案内など、それらを見れば、重要な個人情報から生活パターンまで知ることができてしまう。

では、ターゲットの郵便物をこっそり盗み見する[※]ことはできないかというと、実はそれほど難しいことではない。最近のマンションはオートロック式のエントランスが多く、そもそも集合ポストの取出口にはダイヤルロックもかけられているが、以下の知識があればなんとかなってしまうかもしれない。

まずマンションがオートロック式の場合、オートロックを開錠しないと集合ポストの取出口の前に行けないが、オートロックはキーがなくても4ケタの暗証番号で開く。しかも、この暗証番号はパターン化されており、多用されるのは初期設定に多い「1234」と

※**盗み見する**
郵便ポストに入っている封筒などの郵便物を勝手に開封すれば、当然マズいことになる。しかし、（不可抗力で）表書きを見てしまう分には問題ない。

「0000」。押しやすさや覚えやすさの面から「2580」「4321」「1111」などが使われることも増えている。いずれにせよ、暗証番号の入力を間違えても警報が鳴ることはないため、監視カメラにさえ注意すれば突破できてしまう。

また、集合ポストの取出口に付いているダイヤルロックについては、ほとんどの人は簡単な1ケタの番号しか設定していない。そのため、これを開けるには、「反時計回りに番号を1つ」回せばいいことがほとんど。これだけで多くのポストが開く。

左利きの人は逆の向きに設定することが多いので、反時計回りでダメだったら右側に回してみるといい。さらに、集合ポストの内側に開錠番号が書かれたシールが貼ってあることもあり、それらを覗き見して開けることもできてしまう。

そして、仮にターゲットの集合ポストから郵便物をゲットしたとしての話だが、できることなら開封はせず、中の内容を確認したら怪しまれないようにそっと戻しておきたいものだろう。

そんな時はライター用のブタンガスが使える。ライター用の補充

100円ショップにあるライターガスを液体のまま封筒に吹きかけると、中身が透けて見えてしまう。

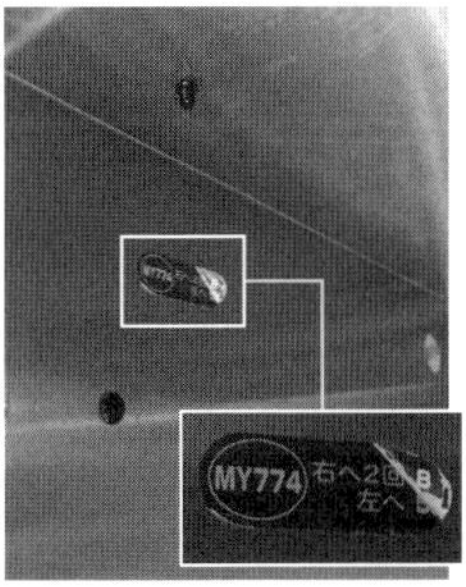

建物によっては、集合ポストの内側に開錠番号のシールが貼られていることがある。

ガスボンベを買い、その中身を液体のまま盛大に封筒に吹きつければ、よほど厚手の封筒でない限り中身が透けて見えるのだ。乾けば跡も残らないため、確認した後に郵便ポストに戻しても気づかれる心配はない。

メアドから相手の情報を引き出す

個人情報の中でも、メールアドレスは比較的入手のハードルが低い。それゆえ、ターゲットの電話番号は分からないが、メールアドレスなら知っている、などということもよくあるだろう。そんな場合に、確率は高くないが、メールアドレスを手がかりにターゲットのさらなる個人情報を引っ張り出す方法がある。

メールアドレスのユーザー名、つまり@以前の文字列をググ※れぱいいのだ。

Gmail やYahoo!メールなど、一人が複数のメールサービスを利用している場合でも、ユーザー名（ローカル部）を共通に

※**ググれば**
Googleで検索する。今や国語辞典にも掲載されている一般用語。

していることが多い。例えば、Gmailのユーザー名がshimasotai@gmail.comであれば、Yahoo!メールのユーザー名もshimasotai@yahoo.co.jpとしていることが多いのだ。さらにこのユーザー名は、メールサービスだけでなく、オンラインサービスのニックネームやSNSのアカウントIDとして使い回されていることもある。

そこで、ターゲットが使っているメールのユーザー名でネット検索することで、ターゲットが利用しているサービスに行き着くことがある。1つでも見つかったら、そこからは芋づる式に調べていく。

特にターゲットがYahoo!オークションなどに登録していることが分かればラッキーだ。ターゲットが出品していれば、その商品を落札することで、相手の住所や連絡先の電話番号まで判明させることができてしまう。

また、SNSのX（旧Twitter）では、「アドレス帳の連絡先を同期」することで、自分のスマホに登録されている電話番号やメールアドレスから、知り合いかもしれないアカウントを自動で

メールアドレスでググると、そのアドレスが記載されているページがヒットする。同じ人物のSNSアカウントやブログを探すのに有効。

検出する機能がある。つまり、Xに捨てアカウントを作り、ターゲットのメールアドレスだけを登録したアドレス帳を同期すれば、相手のXアカウントがあるかどうかをピンポイントで炙り出すことが可能だ。

ターゲットの個人情報を探るならmixi

SNS上でターゲットの個人情報を探るのであれば、まずはFacebookを利用するのが定石だろう。Facebookは実名登録が推奨されているため、ターゲットの名前で検索して本人がヒットすれば、学歴や勤務先、出身地や居住地、生年月日、家族や友達関係などを知ることができる。写真がアップされていれば、写り込んだ背景などから生活範囲を特定できてしまう場合もある。

しかし、近年はネットリテラシーやらネットコンプライアンスやらが叫ばれ、Facebookでも基本データや投稿の公開範囲※を制限する人が増えてきた。

キャンセル
X
連絡先をアップロードしてXユーザーが含まれるかチェックしますか？
連絡先をこのXアカウントと同期しましょう。この設定はいつでも変更できます。

Xの「友だちを見つける」機能。スマホの「連絡先」に登録している電話番号やメールアドレスの情報を元にアカウントを探し出す。

※公開範囲を制限
プライベートな投稿を職場を同僚に見られたくない、などという人は結構いる。その場合、公開範囲を「友達」に設定すると、Facebook上で友達になっている人しか投稿を見られなくなる。

そこで、だ。ターゲットの経歴や交友関係を洗うならｍｉｘｉ（ミクシィ）を利用する。

「え、ｍｉｘｉってあの!?　今時誰もやってねーよｗ」そう思ったとしたら、あなたは甘い。確かに今のｍｉｘｉは人が消えたシャッター商店街だ。しかし、ｍｉｘｉがブームだった00年代は、SNSといえばｍｉｘｉしかなく、誰も彼もがやっていた。それに、ネットリテラシーなんて言葉もなかった時代だ。ユーザーは嬉々として日記にプライベートを書き込み、マイミク（ｍｉｘｉ上の友だち）を公開したりコミュニティに入ったりして交友関係や趣味のつながりを晒していた。

そして、ｍｉｘｉに人がいなくなった今でも、その個人情報は無防備に放置されている。自身のログインパスワードを忘れたり、そもそもｍｉｘｉに登録したことすらも忘れてしまった人が多い中、取り残された個人情報の山を掘り返したところで誰も気がつかない。

ｍｉｘｉブームが00年代だったことを考慮すると、ターゲットが30代以上であればｍｉｘｉをやっていた可能性は高い。実名で登録※

2004年にサービスがスタートしたmixi。SNSの草分け的存在だが、今やその存在も忘れられがちに……。

※実名で登録
サービスイン当時、ｍｉｘｉは招待された人しか参加できなクローズドシステムをとっていた。そのため、本名登録が推奨されていたのだ。

されていれば、名前で検索すればヒットする。実名ではなくニックネームで登録していたとしても、「コミュニティ」からたどっていけばターゲットに行き着くことは比較的容易だ。

mixiがいち早く導入していたコミュニティという制度は、同じ趣味を持つ仲間が集まるというものだが、中には小中学校や高校、大学、サークル、出身地などのコミュニティも存在していた。そこで、例えばターゲットの実家が分かっているなら、Googleマップなどで実家周辺にある小学校や中学校を探し、mixiでその学校のコミュニティをチェックする。コミュニティの参加者※をしらみ潰しにあたり、ターゲットの年齢に近い人を探せば、ターゲットが発見できる公算は大だ。

試しに筆者の出身小学校のコミュニティを見てみると、見覚えのある名前がゾロゾロ出てきた。結婚して姓が変わった女性はご丁寧に旧姓を記載したりもしている。さらに、その女性のマイミクを見るとまたさらに覚えのある旧姓が……。興味深いのは、小学校や中学校のコミュニティからは友人だけではなく、ターゲットの兄弟や

※コミュニティの参加者
学校単位のコミュニティには、数百人規模の参加者がいる。情報調査的にはコピーしてローカルに保存するべきだが、人のいないmixiでは不要だろう。この先何年も消えることはない。

姉妹の情報も一緒に分かることだ。同じ家に住み、学区域も同じなのだから同じコミュニティにいるのは当然か。

　そこからさらにターゲットのマイミク※を探ると、ターゲットのその後の進路や会社関係のつながりなども見えてくる。また、マイミクにいる人たち自体も重要な情報だ。その中の何人かはｍｉｘｉと同じ名前やニックネームで、ＸやＩｎｓｔａｇｒａｍといった別のＳＮＳに乗り換えているかもしれない。そして、そのＳＮＳ上でも、同じようにターゲットとつながっている可能性がある。つまりマイミクの情報が、ターゲットが今現在やっているＳＮＳとアカウントを特定するための材料になることもあるわけだ。

　ネットやＳＮＳでの個人情報の収集は、わずかな情報をつなぎ合わせていくのが基本だ。その意味では、ブームは去ったとはいえ、ｍｉｘｉは貴重な情報源としてまだ十分に使える存在だといえる。

※**マイミクを探る**
マイミクの中には、人の本名を直接書き込んでしまうようなワキの甘い人間が必ず何人かいるものだ。そういう人は別のＳＮＳに移ってからも無邪気に情報をバラ撒いていたりするので、優先的に見つけ出すといい。

安全を確保する

相手の情報を集めるのと同時に、準備として重要なのが安全の確保だ。繰り返しになるが、復讐の鉄則は「相手に多大なダメージを与え、自分は絶対安全」。復讐を実行した時に自分に疑いがかかる※ようなことはあってはならない。何かあった時に身元が割れることがないように、周到に防御を固めておくことが必要だ。

例えば、メールは捨てアド（使い捨てメールアドレス）、SNSは捨て垢（使い捨てアカウント）、電話は匿名の携帯電話を使うのが当然の準備といえるだろう。報復に使うための物を買ったりサービスを利用する際には、匿名のクレジットカードや足のつかないギフトカードなどで決済するのが安全だ。今の時代、ネット上で何かをすれば必ず痕跡が残ってしまうものだが、そこから自分までたど

※自分に疑いがかかる
当然だが、自分が復讐を行ったことを吹聴してもいけない。ヒーローになるのが目的ではないのだ。必ず徹底すること。

り着くことがないように工夫をする。

さらに、何かあった時に疑いの目から逃れるには、普段の素行も意外と大事になる。会社や学校で復讐を果たした時、「あいつならやりそう」と思われてしまうのは得策ではない。そのためには当たり障りのない言葉遣いや生活態度を心がけ、ごく普通の人物を演じておく。日頃から目立つ行動は慎むことも、身の安全を確保することにつながるのだ。

匿名スマホは入手できるか？

電話番号から持ち主の身元が特定できない、いわゆる匿名携帯電話。最近はメッセージアプリのアカウントを作るのにも電話番号の事前登録が必要とされることが多いが、匿名携帯電話があればこれらにも身元を隠して登録できてしまうことになる。

スマホ時代の今、〝匿名スマホ〟を作る手段として用いられるのが、海外のプリペイドSIMカードとSIMフリー端末だ。海外の※

※**海外のプリペイドSIM**
海外渡航者が現地で通信するために使うSIMカード。定額分を前払いして使用する。普段日本で使っているスマホに挿すだけで通信でき、ローミングするよりも速くて安い。

プリペイドSIMには電話番号がはじめから付いているものがあり、身分証明などの手続きは必要ない。つまり、このSIMカードをSIMフリー端末に挿せば、名前や住所といった一切の個人情報を隠した匿名スマホとして利用可能になるわけだ。※

海外のプリペイドSIMはAmazonなどのネット通販でも簡単に入手できるが、〝匿名〟にこだわるなら実店舗で購入するのが主流。というのは、ネット通販ではSIMカードの番号がショップ側で控えられている可能性がある上、通販サイトの購入履歴から本人が特定されてしまうからだ。海外プリペイドSIMは、ビジネスパーソン向けに世界各地のプリペイドSIMを扱う専門店や、外国人向け食材店などでも入手できる。購入に身分証の提示は不要なため、これらの店頭で買えば個人が特定されることはない。

ただ、匿名スマホに使える海外プリペイドSIM選びは複雑だ。日本国内でアクティベート（開通）でき、ローミングで使えるものでなければ、国内では通話も通信もできない。また、年々規制も厳しくなっており、初回アクティベートを行う際に電話番号を使った

※匿名スマホとして利用可能
誰が使っているかは分からないが、「どこで」使っているかは特定されかねない点には留意したい。スマホである以上、通信すれば中継した基地局情報がキャリアのログに記録され、かなり狭い範囲まで位置特定は可能である。

SMS認証を要求されたり、利用残高のチャージ名目で初回にクレジットカードの登録が必要なサービスが増えてきている。その場合は、完全に匿名の状態で開通するのは難しくなってしまう。

そんな中で一例を挙げると、イギリスのモバイル通信会社であるThreeのヨーロッパSIMの中には、日本国内でアクティベートが可能なものがある。開通するとローミングが開始され、+44のイギリスナンバーを取得できる。この電話番号を使うことで、電話番号認証が必須となるLINEやTelegram（テレグラム）などのメッセージアプリに匿名のアカウントを作ることもできてしまう。

なお、SIMフリー端末についても、東京・秋葉原などの店舗で購入するのがベターだ。AndroidやiPhoneを含め、携帯電話には「IMEI」という端末識別番号が割り振られており、通信の際にはこのIMEIとSIMの固有番号がセットで通信会社に送られる仕組みになっている。つまり、匿名のSIMカードを使ったとしても、キャリアと契約した端末で通信すれば、IMEIか

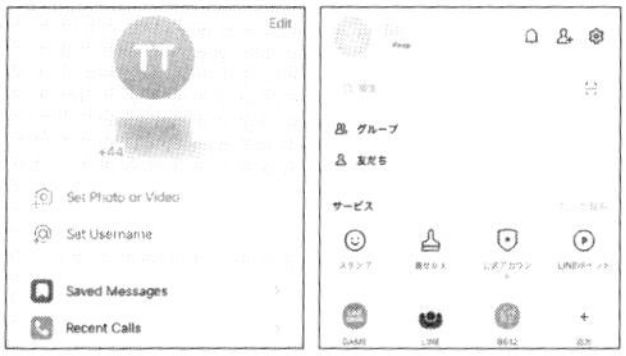

アクティベート手続きから開通までには約1日程度時間がかかるが、電話番号が取得できると、LINEやTelegramで匿名アカウントが作れてしまう。

Threeのヨーロッパ周遊プリペイドSIM。mewfi.comでアクティベート手続きを行う。

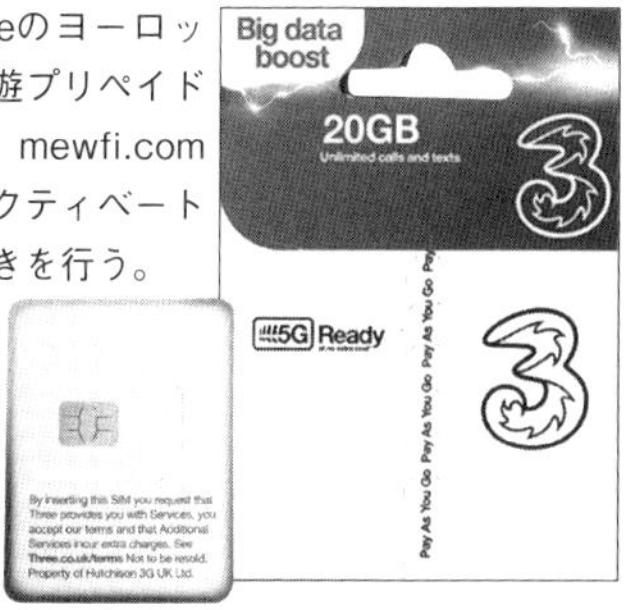

ら足がついて特定されてしまう可能性があるのだ。

なお、一部のスマホ端末※では、IMEIの書き換えができてしまう。対応端末であれば、海外プリペイドSIMと組み合わせることで究極の匿名スマホが完成するといえる。

報復に使う物品を匿名で買う方法

復讐を遂行する過程では、さまざまな物や道具も必要になる。しかし何かあった時のことを考えると、それらを買った痕跡はどこにも残したくない。そんな場合、どこでどう買い物をすればいいのか？　ご存じのAmazonで、偽名で購入するのが簡単だ。

実はAmazonではアカウントに登録する氏名を本名にしないといけないという決まりはない。適当な偽名でアカウント登録することも、一度本名で登録した後から偽名に変更することも可能だ。

つまり、本名を隠して買い物ができてしまう。

さらに、購入した商品はコンビニ受け取りを指定することが可能

※**一部のスマホ端末**
MediaTekのCPUを積んでいるスマホ。MediaTekはUMIDIGI製のスマホによく内蔵されている。

なので、自宅住所を明かさずに商品を受け取ることもできる。支払いは、代金引換で現金払いにすればいいだろう。コンビニでの商品受け取りに必要なのは、商品注文後にＡｍａｚｏｎから送られてくる「問い合わせ番号」と「認証番号」のみ。本人確認などは求められず、支払いを現金で済ませてしまえばコンビニから足がつくこともない。これで、Ａｍａｚｏｎでの匿名購入が完了する。

匿名で使えるクレジットカード

Ａｍａｚｏｎだけでなく、他の通販サイトでも匿名で買い物したいこともあるかもしれない。その場合、痕跡を残さずにネットで買い物をするためには、匿名で使えるクレジットカードがあると便利だ。

匿名性の高いカードとして名高いものの１つに「Ｖプリカ」がある。Ｖプリカはオンライン専用のプリペイドカード、いわゆるバーチャルカードだ。通常のクレジットカードは発行に審査が必要だが、

Vプリカは事前審査も本人確認も不要。カード名義は本名ではなく、ニックネームを設定することもできる。つまり、通販サイトにこちらの個人情報を一切渡さずに買い物ができるわけだ。

使い方は通常のクレジットカードと同じで、カード番号、有効期限、セキュリティコード、カード名義などを決済画面で入力すればOKだ。ネットショッピング専用とはいえ、VISAに加盟している通販サイトならどこでも使える。VISAのマークがあるサイトであれば、海外サイトでも利用可能だ。

ただし、Vプリカは完全匿名かというと、注意点がある。Vプリカは発行時にアカウントを開設する必要があるが、そこで電話認証があり、通話可能な電話番号が必要になるのだ。匿名で使える電話番号を持っていれば話は別だが、そうでない限りは自分につながる電話番号を一度はカード会社側に渡すことになる。

そこで、電話認証も回避してVプリカを使うのであれば、「Vプリカギフト」というギフトカードを購入するのも手だ。こちらは贈答用ということで利用できる上限金額※は5000円と、大きな買い

Vプリカは、プラスチックカードが発行されないバーチャルカード。VISAに加盟しているネットショップならどこでも使える。

※**上限金額**
Vプリカの利用可能額の上限は、コンビニ端末で購入した場合は10000円、公式サイトで購入した場合は30000円。

物には使いにくい。しかし、アカウントの登録自体が不要。電話認証を求められることもなく、完全匿名のクレジットカードとして使うことができてしまう。

匿名で買った商品を偽名で受け取る

匿名クレジットカードで物品を買ったとして、次に問題になるのが荷物を受け取る場所だ。他の通販サイトもＡｍａｚｏｎのようにコンビニ受け取りができればいいが、必ずしもそうとは限らない。購入者の身元を隠したところで、その商品を自宅で受け取ってしまえば、その住所から身元が割れてしまう。

では、どこで受け取ればいいのか？　あまり手の込んだことはせず、ホテルを利用するのがいいだろう。ホテルに偽名で宿泊し、荷物の送り先をそのホテルにする。当然、荷物の受取人とホテルで使う偽名はすり合わせておく。

特に荷物の受け取り場所として、目立たず確実なのが〝長期滞在[※]

※**長期滞在型のビジネスホテル**
例えば東京・八王子で探すと、インバウンド需要でホテル料金が高騰する昨今でも、日額1800円で1か月泊まれるホテルが見つかる。

型〟のビジネスホテル〟だ。全国には長期出張のビジネスパーソンなど向けに、週単位・月単位で同じ客室に泊まれるホテルがある。中には同じホテルに1年以上滞在し、住民票を移してしまうツワモノ客もいると聞く。そういうホテルでは長期滞在者宛の荷物が日常的に届いている。宛先にホテル名と住所、受取人の名前を書いておけば郵便でも宅配でも普通に届くし、受取人本人が不在であればフロントで受け取ってくれる。

ちなみにだが、長期滞在型ホテルは匿名スマホを作るのにも役立つ。どういうことか？　格安SIMには、音声通話機能がなくデータ通信のみできる「データ通信専用SIM」というタイプがある。電話の発信・着信ができず、SMSも使えないが、ネットには接続できるSIMカードだ。このデータ通信専用SIMは、携帯電話不正利用防止法[※]による規制を受けないため、本人確認不要で契約できるサービスが少なくない。また、本人確認が不要ゆえに、郵送で受け取ることもできる。つまり、偽名で契約し、長期滞在型ホテルというダミー住所で受け取りをすれば……ネット接続専用ではあるも

※携帯電話不正利用防止法
携帯電話の契約やレンタル時に本人確認を義務づける法律。正式名称は「携帯音声通信事業者による〜」といい、対象は音声通話が可能な端末およびSIMカード。データ通信専用SIMは対象に含まれないため、本人確認なしでも契約できる。

のの、匿名で使えるスマホが手に入るというわけだ。

捨てアドを作成してアカウントを量産

最近はネット上で何をするのにもメールアドレスとパスワードが必要になる。SNSでアカウントを作るのにもメールアドレスの登録が必須だ。とはいえ、相手に嫌がらせをするためのアカウントに、普段使っているメールアドレスを使いたくはない。

そんな時に活用できるのが使い捨てのメールアドレス、いわゆる捨てアドだ。捨てアドで捨てアカウントを作成すれば、自分の正体を隠してSNSでも行動できる。

捨てアドに使われるメールサービス※として一般的なものに、Gmail（Ｇｍａｉｌ）やYahoo!（Ｙａｈｏｏ！）メールがある。Ｇｍａｉｌであればドメインは@gmail.com、Ｙａｈｏｏ！メールであれば@yahoo.co.jpあるいは@ymail.ne.jp。@マークより前の文字列に空きがあれば、好きなユーザー名でメールアカウントをいくつでも作成できる。

※**メールサービスとして一般的**
Ｇｍａｉｌ、Ｙａｈｏｏ！メールがウェブメール機能を持っているのも理由の１つ。メーラーでゴチャゴチャ設定をしなくても、すぐにメールの送受信ができる。

特にGmailのGoogleアカウントはXなどのSNSとID連携しており、Googleアカウントを使ってXへの新規アカウント登録が可能。つまり、捨てアドを作ると同時に、SNSの捨て垢まで作成できてしまうことになる。

一方、ターゲットに直接メールを送るような場合に使える捨てアドサービスもある。例えば「メルアドぽいぽい」は、サイトにアクセスすると「あなたのメールアドレス」としてすでに捨てアドが1つ自動生成済み。さらに、ワンクリックで新しい捨てアドを追加作成することもでき、捨てアドの量産が容易だ。最近はメールサービスの迷惑メールフィルターも優秀なので弾かれてしまう可能性もあるが、ターゲット宛に〝迷惑メールの絨毯爆撃〟を仕掛けたい時などにも使える捨てアドサービスだ。

インターネットを常に匿名で使う

安全を確保するなら徹底的にということで、最後に匿名でネット

「メルアドぽいぽい」(https://m.kuku.lu/)。登録不要、無料で使い捨てメールアドレスを取得できる。「捨てメアド」というアプリ版もある。

をする方法も紹介しておこう。

方法※はいくつかあるが、簡単なのは「Ｔｏｒ（トーア）」に対応するブラウザを使うことだ。

Ｔｏｒとは、複数のサーバを経由することで接続経路を匿名化する技術。通常はＷｅｂサイトにアクセスすると、アクセス元のＩＰアドレスやプロバイダ情報などが相手先に記録され、いつ誰がアクセスしてきたかが特定できるが、Ｔｏｒならそれらの情報を隠蔽してアクセスできてしまう。

元々Ｔｏｒは、国家の検閲を避けて海外サイトにアクセスしたり、告発者の匿名性を守るために開発されたもの。ＮＳＡの内部情報を告発したエドワード・スノーデン氏も、Ｔｏｒブラウザを使っていたといわれている。

そして、手軽にＴｏｒ機能が使えるブラウザが「Ｂｒａｖｅ（ブレイブ）」だ。トラッカーや広告ブロック機能が標準搭載されているブラウザとして評判だが、Ｂｒａｖｅには Ｔｏｒも内蔵されている。

※方法はいくつかある
ネット通信を匿名化する技術には、ＶＰＮもある。こちらはトンネルのように外部から見えない状態でデータの送受信を行い、さらに送受信されるデータに暗号化を施すというものだ。Ｔｏｒとは違う仕組みだが、ＶＰＮはＴｏｒとの併用も可能。組み合わせれば最強の匿名ネット環境が出来上がる。

右上のメニューから「Ｔｏｒで新しいプライベートウィンドウを開く」をクリックすると、Ｔｏｒ経由で通信するプライベートウィンドウが開く仕組み。このウィンドウでは複数のＴｏｒサーバを経由し、こちらのＩＰアドレスを匿名化してブラウジングできる。

なお、ＢｒａｖｅのＴｏｒ接続によるプライベートブラウジングでは、デフォルトの検索エンジンが「ＤｕｃｋＤｕｃｋＧｏ」になる。こちらも検索履歴などを追跡することがない、セキュアな検索エンジンだ。

Tor接続による「Brave」のプライベートウィンドウ。接続元を隠蔽してWebサイトにアクセスするため、高い匿名性を保てる。検索エンジンは「DuckDuckGo」が使われる。

第2章

友人に復讐

復讐の準備は整っただろうか？　それでは、ここからは具体的な報復相手を想定し、復讐の事例を挙げていく。最初のターゲットは友人だ。

友情なんて儚くて脆いものである。友達とはいっても、所詮は血のつながりのないアカの他人。平気で嘘をつく、貸した金を返さない、裏で悪口をいって陥れようとする。そんなヤツはごまんといる。一度や二度の間違いなら許してあげることもできるが、何度も裏切りを繰り返すようであれば制裁が必要だ。

一時は友人だった相手なら、名前は当然として、電話番号などの連絡先、場合によっては住所も分かっているだろう。

それらの情報を使って、まずは軽くジャブから打つ。友人の神経を疲弊させる手っ取り早い方法といえば〝デリバリー攻撃〟だ。

令和版デリバリー攻撃

大量にピザや中華などを注文して、ターゲットに送りつけるデジバリー攻撃。嫌いな友人や知り合いに対してよく行われる古典的な嫌がらせだといえるだろう。定番の出前に加え、寿司やウナギなどの高額メニューを送りつければ、精神的なダメージ※だけでなく物理的な負担を与えることもできてしまう。

　デリバリー攻撃に出前が選ばれるのは電話一本で、かつ非通知電話で注文が可能ということもあるが、しかしそれにしてもこのやり方はいささか古くないだろうか？　まず、出前を送りつけてもターゲット本人が在宅していないとあまり意味がない。そして何より、お金を払わないと無関係なピザ屋さんやお寿司屋さんにも迷惑がかかってしまう。

　そこで、令和のデリバリー攻撃に利用するのは従前の出前ではなく、フードデリバリーサービスだ。スマホからの注文で、指定した店の料理を、指定した場所と時間に配達してもらえる。Ｕｂｅｒ Ｅａｔｓのような大手なら、プリペイドカードを使うことで注文から決済までを身元を隠して※行うことも可能だ。

　このフードデリバリーを利用して、ターゲットに食事を〝プレゼ

※精神的なダメージ
飲食店に限らず、ハウスクリーニングやデリバリーヘルスを呼ぶ手口も。一度にさまざまなデリバリーを送りつけることで、被害がさらに大きくなることを狙ったものだ。

※身元を隠して
前払い式のギフトカード（Uberギフトカード）がコンビニで買える。これを現金で購入し、ギフトカードでデリバリー料金を支払えば、支払い履歴から足がつくこともない。

ント〟してあげるのだ。

「はあ？　そんなことをしたらタダ飯が食えて相手が喜ぶだけじゃねーか」、そう思う人もいるかもしれないが、この嫌がらせはそんな生易しいものではない。地域にもよるが、フードデリバリーは深夜帯にも利用できる。つまり、ターゲットが就寝している真夜中に、配達員を人間ラジコンとして派遣※し、牛丼やラーメンといったヘビーなメニューを対面で差し入れてあげることが可能なのだ。

また、置き配も便利。ターゲットが外出している時間帯を見計らって、手当たり次第にファストフードを置き配指定で送りつけてあげる。ターゲットが帰宅してみると、玄関前は冷めた料理でぎっしり、気味が悪くて食べることなんてできない※し、処分するのにも手間がかかる。これを定期的に繰り返せば、ターゲットのメンタルは削られていくことだろう。

代金は先払いしているのだから、お店の腹は痛まない。不審に思ったターゲットがデリバリー会社に問い合わせたとしても、「オーダー通りに届けただけ」といわれるだろう。ここでも、キッチリお

※**人間ラジコンとして派遣**
フードの受け取り方法を、「玄関先で受け取る」にしておくわけだ。

※**食べることなんてできない**
夏場はさらにひどい有様だ。蒸し暑い外に放置された料理は間もなく腐り、気づくと危険な臭いを発している。さらには虫が寄ってきて……。

金を払っていることが効いてくる。

宅配サービスで不用品を送りつける

デリバリー攻撃のタマになるのはフードだけではない。スーパーやホームセンターなどでは「自宅配送」※のサービスが提供されている。このサービスを利用し、ターゲットに大量の不用品を送りつけるという嫌がらせがある。

自宅配送とは、商品を買ったはいいが重過ぎて持ち帰れないなどという時に、店内で買った商品をお店側が自宅まで配送してくれるサービスだ。別途配送料金が必要になるが、用紙に記入した住所が配達エリア内であれば、どこにでも届けてくれる。送る商品はすでに購入済みということで、本人確認などは特にない。

となれば、重くてかさばる商品をターゲットにもお裾分けしてあげよう、という話になる。送りつけられたら頭を抱えるような不用品をプレゼントだ。

※**「自宅配送」のサービス**
ネット通販と違い、店頭で現金払いで商品を買えるため、購入履歴が残らないのもこの場合の利点。

ホームセンターでは園芸用品が売られているが、家庭菜園用の堆肥袋はどうだろうか？　牛糞堆肥※なら、たっぷり40Lも入った袋が1袋数百円で買える。40Lの堆肥はキログラム換算で約20kg。重さも、見た目にもかなりのインパクトがある。これを自宅配送サービスを利用して、ターゲットの住所指定で配送してもらう。1回といわず、別日や別店舗も利用してしつこく送ってあげてもいい。

堆肥以外にも、レンガ、砂利袋、材木など、ホームセンターには普通の人なら処分に困るもの※が揃っている。配送業者が得体の知れないブツを何度も持ってくるうち、ターゲットはインターホンの音を聞くのも嫌になるだろう。

身内の訃報ハガキで嫌がらせ

最近はネットから発注できる便利なサービスが増えているが、その中にネット印刷がある。名刺や年賀状など、データを送るだけで印刷から送付までを代行してもらえるサービスだ。一見、復讐とは

※牛糞堆肥
牛の糞にワラなどを混ぜて発酵させた堆肥。野菜の有機栽培にはいいが、それ以外に使い道はなく、当然臭い。

※処分に困るもの
しかも重い。荷物を受け取らせることで、地味にターゲットの腰にダメージを与えられる可能性も。

なんの関係もなさそうに思えるサービスだが、作るものによってはターゲットのメンタルを大いに削ることになる。

ターゲットに送る印刷物とは「死亡通知」のハガキ。家族や親族が亡くなったことを、お世話になった人達に知らせるあのハガキだ。

ネットで「死亡通知　ハガキ」などで検索すると、死亡通知や喪中ハガキのネット印刷サービスは実にたくさんヒットする。大抵の業者では、ハガキのデザインや定型文を選び、故人、喪主の名前を入力するだけで、その通りに死亡通知ハガキを作成。完成したハガキを指定した住所に配送してくれる。

そこで、故人の名前をターゲットの親や兄弟といった身内、喪主をターゲット本人にして※死亡通知ハガキを注文してしまう。そして、ハガキの配送先として、ターゲットの名前と住所、電話番号を入力し、料金もちゃんと払い込む。ただし、住所についてはあえて誤った情報を入力するのがポイントだ。

すると、どうなるか。ネット印刷業者が発送したハガキの束は宛先不明で返送され、業者はハガキの〝依頼主〟に問い合わせの電話

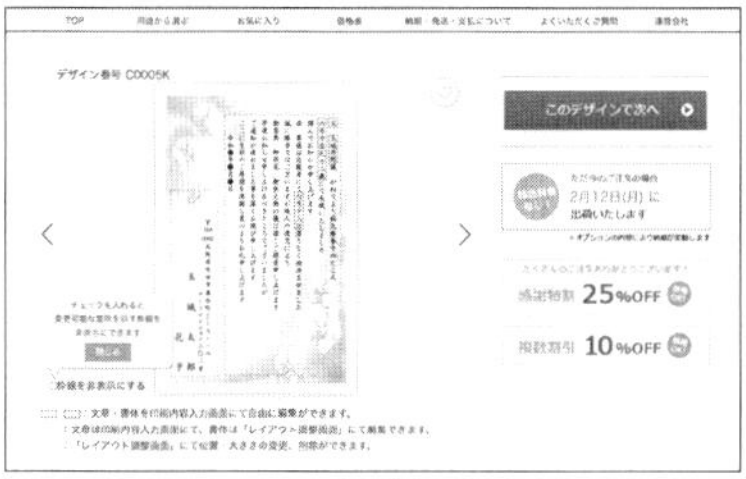

ネット印刷サービスの一例。テンプレートに名前を入力すれば、死亡通知ハガキが作れる。

※死亡通知ハガキを注文
あくまで死亡通知を発注するのが目的なので、安いデザインでかまわない。料金は、送料込みでハガキ10枚2000円程度が相場だ。

をかけることになるだろう。その依頼主とはターゲットだ。しかし当然、ターゲットには身に覚えがない。意味が分からず、どういうことかと業者に聞くだろうが、そこで聞かされるのは自分の身内の死亡通知ハガキが作られている、という実に胸クソの悪い話だ。なおかつ喪主は自分自身……。あまりに陰湿な嫌がらせに、ターゲットは戦慄するだろう。

タチの悪い業者をおびき寄せる

自宅にいきなり物が送りつけられるのは迷惑だが、もっと迷惑なことがあるとすれば、いきなり人の訪問を受けることだろう。休日に突然インターホンが鳴らされ、何時間も粘られることを想像してみてほしい。タチの悪い相手だと追い返した後にも粘着されるリスクもある。そこで、ターゲット宅に招かざる客をおびき寄せる方法を考えてみよう。

おあつらえむきなのは、マグネット広告※の業者だ。自宅の郵便ポ

※マグネット広告
知らぬ間にポストに投函され、気がつくと冷蔵庫にいっぱい貼ってあることから、「冷マ（冷蔵庫マグネット）」と呼ぶ文化もある。

ストの中に、広告が印刷されたマグネットが入っていることがあるだろう。マンションの場合は、集合ポストに貼られていることもある。業種としては、水回り修理や不用品回収、カギの修理・交換などが多いように思う。

そこで、ターゲットの自宅やその近隣の建物からマグネット広告を拾い集め、片っ端から業者に電話をかける。ターゲットの名前と住所を伝えて、ターゲット宅に派遣してあげるわけだ。

マグネット広告の業者というのはすべてがそうではないが、中にはかなり悪質な業者も紛れている。実際、「高額請求をする」「個人情報を掴んでいることをタテにして脅し、契約を迫る」など消費者トラブルが後を絶たず、国民生活センターのホームページに注意喚起が掲載されているほどだ。相談だけなら無料だからと電話し、名前や住所を教えようものなら、修理を頼んでもいないのに押しかけてくることもザラだという。

しかも、一度獲物を見つけたと思ったらしつこく食らいついてくる。追い返すこともできず、根負けしたターゲットが室内に招き入

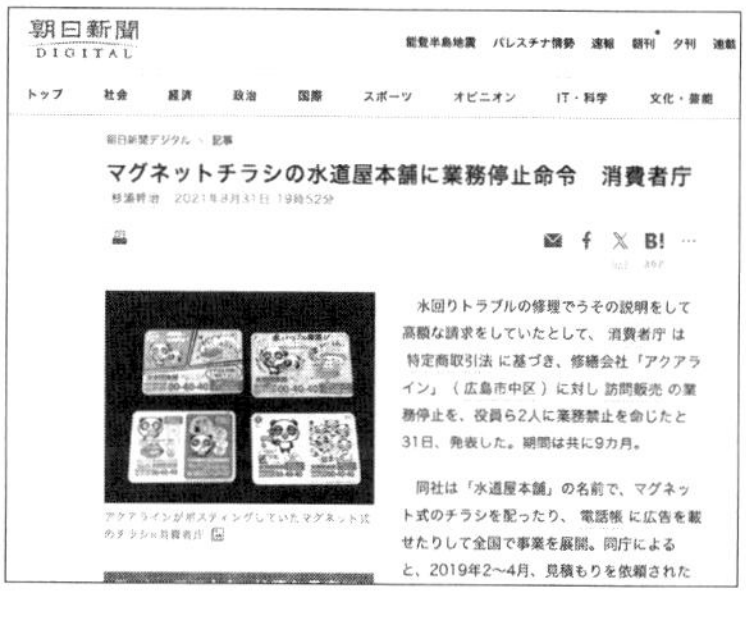
朝日新聞 DIGITAL

能登半島地震　パレスチナ情勢　速報　朝刊　夕刊　連載

トップ　社会　経済　政治　国際　スポーツ　オピニオン　IT・科学　文化・芸能

朝日新聞デジタル ＞ 記事

マグネットチラシの水道屋本舗に業務停止命令　消費者庁

2021年8月31日 19時52分

水回りトラブルの修理でうその説明をして高額な請求をしていたとして、消費者庁は特定商取引法に基づき、修繕会社「アクアライン」（広島市中区）に対し訪問販売の業務停止を、役員ら2人に業務禁止を命じたと31日、発表した。期間は共に9カ月。

同社は「水道屋本舗」の名前で、マグネット式のチラシを配ったり、電話帳に広告を載せたりして全国で事業を展開。同庁によると、2019年2〜4月、見積もりを依頼された

ぼったくりや雑な修理をするなど、マグネット業者に関するトラブルは実際後を絶たない。消費者庁により、悪質水道業者に業務停止命令が出された例も。（出典／朝日新聞デジタル）

れてしまったら……。ガスホースの現場交換で3万円の請求！　水道のパッキン交換で5万円の請求！　なんてことにもなりかねない。

マグネット広告だけでなく、郵便ポストにはザラ紙の怪しいチラシも投函されている。「あなたの物件を売却しませんか？」「Wi-Fi設備に関するお知らせ」※「宝石を買い取ります」。これらの業者はちょっとでも情報を与えると、頼んでもいないのに営業的な行為をしてくる。ターゲットの個人情報を漏らせば、しばらくはつきまとってくれるはずだ。

勝手にNHKを受信契約

報復する相手が一人暮らしの学生や社会人ということであれば、招かれざる訪問者としてNHKの集金人を送り込む、という嫌がらせの方法もあった。日本の法律（放送法第64条）では、「NHKの放送を受信可能なテレビを持っている場合は、NHKと受信契約して放送受信料を支払わなければならない」と義務づけられている※が、

※**Wi-Fi設備に関するお知らせ**
こう書かれると、マンションの管理会社や大手プロバイダからのお知らせかと勘違いするが、悪質なネット回線業者の手口。割高な回線契約をさせられたり、不要なオプションに加入させられたりする。

※**義務づけられている**
NHKを見なくても、NHK受信料は支払わなくてはならない。電気・ガス・水道のように「こっちは払わないから、そっちはサービスを止めていいよ」という契約の自由がNHKには通用しないのだ。

マンションの一人暮らし住人の大半は、テレビを持っていても受信契約などしていない。ならばそこに、しつこさと強引さに定評のあるNHKの集金人を呼び寄せ、ターゲットが受信料を支払う気になるまで粘着してもらおうというわけだ。

しかしながら、※悪質訪問が問題になったことも理由の1つにあるのか、2023年にNHKは訪問集金を廃止した。実際には、戸別訪問してNHK受信料を契約・集金する外部代行業者を大幅に削減したのだ。つまり、ターゲットになりすましてNHKの受信契約を申し込んでも、以前にように集金人がすぐに家まで飛んでくるわけではない。

とはいえ、だ。テレビを設置している者はNHKと受信契約しないといけないという事実は変わらない。法律を守るのは、国民としての義務だ。ターゲットが受信契約をしていないようなら、受信料の支払い義務をしっかり全うしてもらうとしよう。

NHKの受信契約の手続きは、NHKのホームページから申し込める。ターゲットの名前、住所、連絡先の電話番号があればいい。

※悪質訪問が問題に
詐欺的手法で契約させる、しつこく迫る、女性の一人暮らし宅に深夜に訪問する……などの問題は国会審議でも取り上げられた。

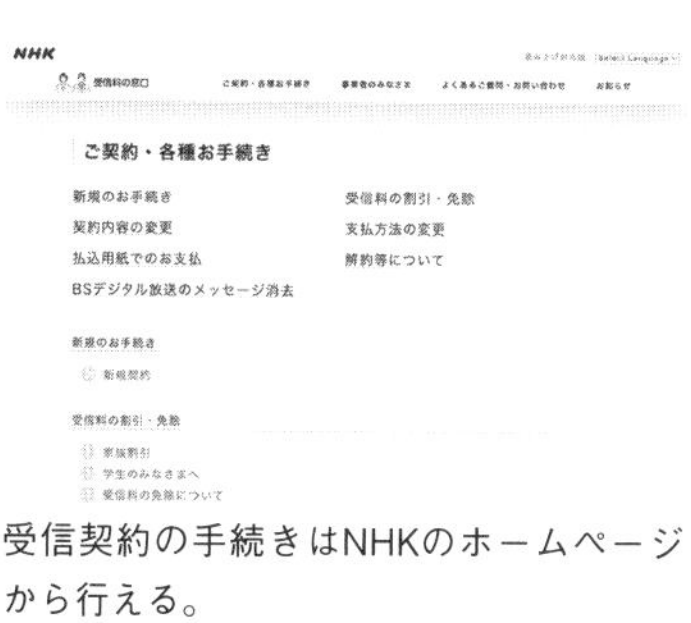

受信契約の手続きはNHKのホームページから行える。

12か月前払いということにして、振り込み用紙による支払いにする。衛星放送も受信できるということで、衛星契約もしてあげよう。

1か月もすれば、「NHKからのご案内です」と書かれた紙とともに2万円強の払込用紙※がターゲット宅に届くというわけだ。ターゲットには不意打ちだが、個人情報が掴まれているわけだからもはやNHKの集金から逃れる術はない。受信契約を拒み続ければ、請求書の再送付、支払い督促と来て、さらには割増金※まで請求されることになる。

ターゲットがマンションではなく戸建住宅に住んでいるなら、さらに手が込んだこともできてしまう。

昨今は「民泊」が流行している。一軒家などの空き部屋を旅行者に貸し出すという制度なのだが、安価な宿として多くの外国人観光客に利用されている。また、ビジネスホテルなどよりも安く泊まれるということで日本人の利用者も多いと聞く。

そんな民泊だが、需要が増えてきたために届け出制になっており、届け出は国土交通省の「民泊制度運営システム」というオンライン

※払込用紙
「重要」と大きく印字された、窓付き封筒でやってくる。他に「NHKのサービスは皆さまの受信料によって支えられています」みたいなリーフレットも入っている。

※割増金
2023年4月から、受信料未払い者や未契約者に対し、受信料の2倍にあたる割増金を請求できる制度が開始。早速NHKが未契約世帯を提訴すると、SNS上で大炎上する事態に……。

システムから行える。そこで、ターゲットが住む一軒家を民泊施設として届け出た上で、ＮＨＫを契約してあげるわけだ。

民泊を含む宿泊施設などの事業所は、テレビの設置場所ごと、つまり部屋数と同じ数の受信契約が必要になる。例えば、民泊に使用する室数を5室として届け出れば、自宅＋5室分の受信料がかかる。2契約目以降の受信料は半額に割引されるという制度もあるが、それでも受信料は12か月分で10万円近くになる計算だ。受信料としてこんな金額が請求されたら、どう対応すればいいか分からなくなるだろう。

大量に新聞契約してポストテロ

頭が悪く教養もない友人には、社会勉強のために大量の新聞を契約してあげるのはどうだろうか？

朝、まだ寝ていると玄関ドアの郵便受けに何かがゴリゴリと押し込まれている音がする。起きて玄関ドアを確認すると郵便受けはな

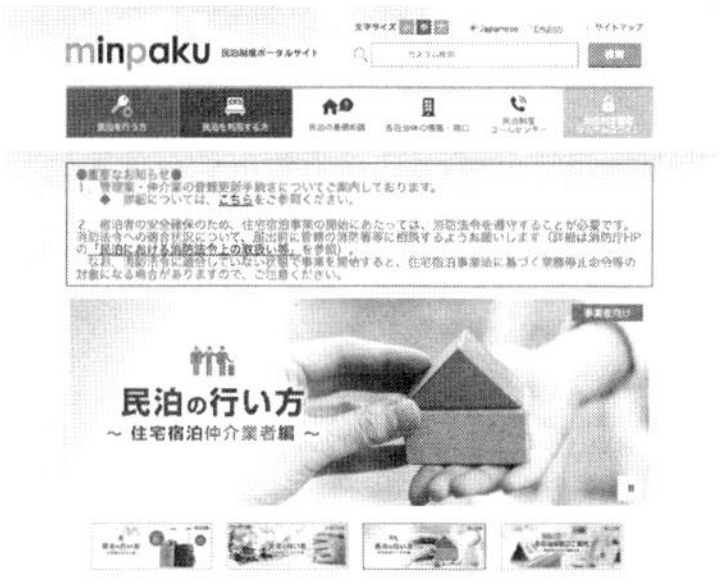

民泊制度ポータルサイト「minpaku」。宿泊事業の届け出は、ここの「民泊制度運営システム」から行う。

ぜか新聞でギッチリ、さらに外の郵便ポストにも新聞の束がパンパンに突き刺さっている……次の日もそのまた次の日も、毎朝それが続くわけだ。

郵便ポストや玄関ドアの郵便受けが新聞でいっぱいになれば一般の大事な郵便が入らなくなる事態も考えられるし、溜まった紙の束を処分するのもかなりの重労働だ。単純な手口ではあるが、やられた方は意外とダメージが大きい嫌がらせである。

新聞の契約は簡単だ。新聞の宅配は、地域の新聞販売店が管理している。ターゲットが住む地域の販売店に行き、専用の申し込み用紙※に名前と住所を書くだけで契約できてしまう。購読料の先払いが必要でも大した金額ではないのでその場で払えばいいし、全国紙の場合は1週間くらい無料の試読を申し込めることもある。全国紙、地方紙、スポーツ紙と契約できる新聞はすべて契約してあげれば、電話帳数冊分の紙の束が毎日、ターゲット宅のポストを襲うことになる。

逆に、新聞は配達を止めるのも実に簡単だ。最寄りの販売店に電

※専用の申し込み用紙
正式には「購読契約書」というものの。現代の契約書とは思えないほど簡素で、本当に名前、住所、電話番号くらいしか記入欄がない。お金さえ払えば、新聞はそれほど簡単に契約できてしまうのだ。

話をかけ、「引っ越すことになったので、来週から新聞は入れないでほしい」などと伝えるだけでOKだ。解約日までの日割り料金を求められたら、販売店に払いに行けばいい。それで指定した日に新聞の配達は止まる。

つまり、ターゲットがすでに新聞購読をしていたら、ある日突然それをストップすることも可能ということだ。特にターゲットが競馬好きでスポーツ紙をとっていたり、ビジネスのために経済紙を購読しているなら効果はデカい。その新聞を勝手に止められることは、趣味や仕事を妨害されるのも同じ。新聞が来ないことにターゲットはイラつくはずだが、明日も明後日も結局新聞は来ない。

自宅の外からエアコンを破壊

ターゲットの自宅にある機材を物理的に破壊するのも報復の1つの手段だ。しかし、他人の自宅に出入りするのはあまりにリスクが高く、実際、侵入するのは難しい。

そこで、部屋の外からでも攻撃できるポイントになるのがエアコンの室外機だ。温暖化の昨今、エアコンがなければ夏場の室内温度は50℃を超えることも少なくない。室外機[※]が壊れたら家の中で生活できないどころか、下手をしたら命に関わる可能性もある。エアコンはすでに、生命維持装置ともいえるほどの重要機材になっているのだ。

室外機にダメージを与える方法としては、ハンマーで殴って物理的に破壊したり、ドレインのホースを塞いで水を逆流させるといった手段もある。しかし、派手にやると騒音から周囲に気づかれてしまう。そこで相手に気づかれにくく、なおかつ簡単なのは「高圧管」を潰すことだ。

室外機の右側面には2本のパイプがつながっている。この部分にはカバーが付いていることもあるが、2〜3本のネジを外せばカバーは外せる。この2本のパイプのうち、細い方が高圧管だ。

エアコンというのは、部屋にある室内機と室外機の間に冷媒を循環させて熱を運んでいるのだが、冷房時に室外機から室内機へと液

※**室外機が壊れたら**
エアコンは、室内機と室外機で1セット。この2つで室内と外気の熱を交換し、部屋の中を冷やしたり暖めたりしている。ゆえに室外機が壊されると、エアコンは冷房や暖房として機能しなくなる。

化した冷媒を送るのが高圧管だ。そのため、細い方の配管をペンチなどで潰すと室内機に冷媒が送れなくなり、エアコンは冷房としての機能を失ってしまうのだ。

室外機の高圧管は、経年劣化や腐食で破損することも珍しくない。つまり、修理業者が見ても、誰かの嫌がらせによる故障だとは断定しにくいわけだ。ターゲットが無警戒なうちに再び同じ破壊工作を行い、一度といわず二度三度と灼熱地獄を味わわせることもできてしまいそうだ。

自宅の電気を勝手に止める

ターゲットの生活により深刻なダメージを与えるのであれば、ライフラインごと断つ手もある。電気が止まれば冷蔵庫もエアコンも使えなくなり、ガスが止まればお湯が沸かせない。水道が止まれば、トイレにも行けなくなる。ライフラインが断たれた時のダメージは、大災害時の被災地の状況を見ても明らかだ。しかも、回線や配管を

室外機の右側面には2本のパイプがある。このうちの上側の細いパイプが、冷房時に室内機に冷媒を送る高圧管だ。

物理的に潰さずとも、ターゲットの個人情報がある程度把握できていれば、ラインフラインは遮断できる場合がある。

まずは電気だ。これは電力会社との契約を他人が勝手に解除することで、止めることができてしまう。

従来、電気契約は解除しても、利用停止日までの使用料金を精算する必要があるだけで、そのまま電気を使い続けることができた。契約をしていなくても、電力会社からの送電は維持されており、自宅内にあるブレーカーを下ろさない限り、電気が使えなくなることはなかったわけだ。

しかし、2016年に始まった電力自由化に伴い、従来のアナログメーターからの切り替わりで「スマートメーター」が普及。これにより、電力会社は遠隔操作で送電のON／OFFを切り替えられるようになった。つまり、スマートメーターが設置されている家は、契約を解除すれば送電自体を停止することができるようになっている。

そこで、ターゲットが契約している電力会社をチェックし、カス

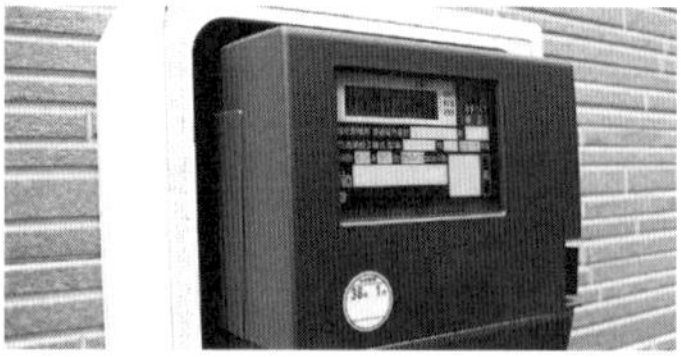

スマートメーターは、遠隔検針のための通信機能を搭載し、30分ごとに電気使用量を計測できるデジタル式のメーターだ。送電のON／OFFも遠隔操作で行われる。

従来のアナログの電力メーター。これが付いている家では、電気契約していなくてもブレーカーを上げれば電気が使える。

タマーセンターなどに電話して、「引っ越すので電気を止めたい」と伝える。ここで必要な情報は、契約者の氏名・住所・お客様番号・引っ越し日・引っ越し先住所だ。

お客様番号は、検針票や請求書に記載されているが、その番号の存在にさえ気づいていない契約者が実に多い。そのためか、氏名・住所・電話番号をいえばよかったり、「検針票が手元にないので分からない」といえば回避できてしまうこともある。引っ越し先は「海外」※と伝えれば新住所を教える必要はない。これで、停止日になればターゲット宅の電気がストップする。

ちなみに、ターゲット宅の電力メーターが従来のアナログメーターの場合には、先にも書いた通り、契約を解除しても突然電気がストップすることはない。しかし、解除手続き自体は行われ、指定した利用停止日になると電力会社の作業員が来る。電力メーターの最終的な検針などを行うためだ。

この時にターゲットが自宅にいられると都合が悪い。そのため停止日は、ターゲットの旅行中や仕事で確実に外出している日時を指

※ **「海外」と伝えれば**
「実家に帰る」でもＯＫ。要は電気の契約自体がいらなくなることが伝わればいいのだ。

定する。また、検針を終えた作業員は次の契約者のために「ご利用の手引き（電気使用申込書）」を置いていくが、ターゲットがこれを見つけるとやはり異変に気づくだろう。この手引書は袋に入れられて玄関のドアノブなどに引っかけられていることが多いので、ターゲットが外出している隙にこれも回収しておく。

電気が解約されているなど知る由もないターゲットは、その後も普段通りに電気を使い生活するだろう。しかし、そいつはもはや、電気契約をしていないのにタダで電気を使い続ける〝盗電野郎〟[※]だ。電力会社が見逃すはずもない。「電気の供給に関する重要なお知らせ」とか「送電停止に関するお知らせ」などという通知が電力会社から送られてくるだろう。身に覚えがないからと無視していれば、ターゲットはさらにマズい状況になる。

ライフラインをさらに寸断する

では、水道とガスは同じように止められるだろうか？

※**盗電野郎**
法的には電気窃盗という。実は数年に一度くらいのペースで逮捕事例があり、電気メーターを経由せず送電線に直結する、メーターに細工して円盤の回転スピードを遅くするなどの手口がある。

水道も、電気の解約と同じ手口で、他人が勝手に止めてしまうことが可能だ。管轄の水道局に、引っ越しによる利用停止を申請すればいい。

手続きに必要な情報も電気契約とほぼ同じだが、水道の手続きにはお客様番号の代わりに水道番号（水栓番号）が使える自治体もある。これは世帯ごとに割り振られた番号で、水道メーターの周辺、玄関ドアの上部や郵便ポストに貼られていることがある。あらかじめこの番号を把握しておけば、ターゲットになり代わっての手続きがしやすくなるかもしれない。

ただし水道も、契約を解除したからといって給水自体が止まるわけではない。利用停止日以降も、水道をひねれば水は出る。その点も電気と一緒だ。

つまり、水を絶ってターゲットを水攻めにすることはできないが、〝盗水野郎〟の汚名を着せることはできる、ということになる。水道の解約後、何も知らずに１〜２か月も水を使っていれば、支払督促状、さらに給水停止予告書と、ターゲットは水道局からハードな

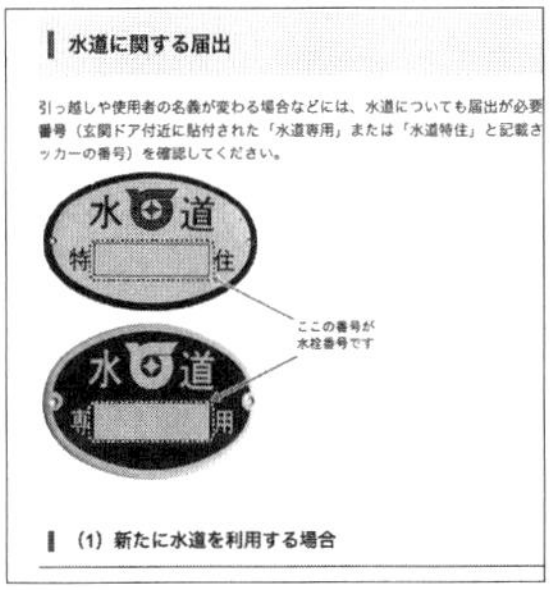

水道メーターや契約者情報の管理に利用される水栓番号。玄関付近の目につくところに貼付されている楕円形のステッカーに、その番号が記載されている。（出典／戸田市公式サイト）

お手紙を次々といただくことになる。

一方、ガスを止めるのは、電気や水道を止めるのとは少し勝手が異なる。

ガス会社に「引っ越すのでガスの利用を止めたい」といえばいいのは同じなのだが、利用停止日に必ずガス会社の作業員が来る。※ そして、作業員がガスを閉栓した時点から供給はストップするのだ。

つまり、利用停止日をいつにするか、作業員を呼ぶタイミングがポイントになる。というのも、例えば平日の昼間にガスを止めても、ターゲットには帰ってすぐにガスが使えないことに気づかれ、翌日には復旧されるだろう。それでは大したダメージにならない。

なので、ターゲットにダメージを与えるには、「時間差」を利用することになる。ガス会社の多く※は年中無休で電話受付しているが、土日はまず電話がつながらない。つながっても、即日出張作業してもらえるとも限らない。

そこで、ガスの停止日は、金曜日の昼から夕方に設定する。すると、住人がその夜にガスが出ないことに気づいても、土日は電話が

※ガス会社の作業員が来る
オートロック式のマンションの場合などは、ガスの閉栓に住人の立ち会いが求められるケースもある。住人の代わりに代理人の立ち会いも可能だが、住人や代理人になりすますのはあまりに高リスク。その場合は撤退推奨だ。

※多くは年中無休
もちろん土日休みや日曜休みのガス会社もある。また、土日は体制を縮小している会社がほとんど。

つながらず、ガス会社に対応してもらえるのは早くて週明けの月曜日からということになる。休日はガスが使えず、週明けはガス会社を呼ぶために仕事に穴を開けないといけない……そうなれば、ターゲットには災難でしかない。

家庭によっては都市ガスではなく、ＬＰガスを利用している場合もある。ＬＰガスを使っている家は、建物の外に大きなガスボンベが何本も設置されているのですぐに分かる。

このガスボンベはガス会社の所有物で、利用者がガス契約を解除すれば、ガス会社に回収されてしまう。つまり、住人が家を空ける日を見計らってガス利用を停止してしまえば、住人が家に戻る頃にはガスボンベが消えていた！となるわけだ。

ガスボンベの再配送には時間がかかる。もちろんその間、ターゲットはガスがまったく使えない生活を送るハメになる。

クレジットカードを使用不能にする

いつまで経っても借金を返さないなど、金に汚い相手に思い知らせてやるならこれだ。クレジットカードを強制的に止めてしまう。

そもそもクレジットカードは、紛失した時に誰かに悪用されるのを防ぐために、「本人」なら簡単に止められるようになっている。また、財布やカバンごと盗まれた場合には、個人を証明できる身分証がまったくなくなってしまうため、本人認証は曖昧だ。

カードの紛失・盗難デスクの番号を調べ、特定されないよう公衆電話から電話する。※窓口は24時間受付だが、ターゲットがたまたまカードを利用している時だと面倒なので、深夜がおすすめだ。加えて、深夜だと本人審査のチェック自体も甘くなる傾向にある。

本人確認に必要な情報は、氏名・住所・生年月日・電話番号だが、引き落とし先の口座番号を聞かれることもある。即答できないと別の質問をされるケースもあるが、※できることなら口座番号を、そうでなくてもせめて支店名くらいは把握しておかないと、口座の特定

※公衆電話から電話する
「携帯電話も盗まれたカバンの中に入っていた」というストーリーにすれば違和感はない。公衆電話からなら、折り返しの電話もない。

※別の質問をされるケース
例えば、登録固定電話番号を聞かれる。その場合は「紛失した携帯電話に入っているので分からない」といえば、携帯電話番号だけでもOK。

ができない場合があるので注意が必要だ。

ただし、「今は出先なので分からない」といえば切り抜けられることがある。いずれにせよ「疑われてるな」と感じたら、「じゃあ、家に帰って探してからもう一度かけ直します」と諦めるのが賢明だろう。

実は、止めるのは簡単でも、再開するのが非常に面倒なのが、この手口のキモだ。カード類は一度使用を停止すると、たとえ手元にカードがあってもそのカードは無効になってしまう。再発行が必須になり、※所定の手数料がかかることもある。

クレジットカードの場合はカード番号が変わってしまうため、引き落としなどを設定していた場合は、すべて新しい番号を登録し直す必要がある。これは、ターゲットにとって大きな負担となることは間違いない。

※所定の手数料がかかる
1000円前後かかる。さらに手元に新しいカードが届くまでに1週間〜10日ほどの時間もかかる。

X（旧Twitter）でネチネチ嫌がらせ

さまざまな人とつながったり、最新情報をチェックする目的で、現代ではほとんどの人がX（旧Twitter）をはじめとするSNSをやっている。しかし、SNSは諸刃の剣だ。復讐したいターゲットに対して嫌がらせを行う格好の場所にもなる。捨て垢（使い捨てアカウント）を作成すれば、相手に正体を知られることなく、匿名で一方的に攻撃することができてしまうからだ。

もし、復讐のターゲットがXをやっているなら、さまざまな嫌がらせができてしまう。直接的な攻撃はせず、地味ながら、確実に相手を嫌な気分にさせる方法だ。

その1つが、不快な「リスト」を作成して相手のアカウントを入れる、というもの。Xにはリストという、任意のユーザーを追加して管理できる機能がある。このリストは名称を自由に付けることができ、追加されると相手に「○○さんがあなたをリスト「○○」に追加しました」という通知が届く。

映画や音楽好きには「シンプルにセンスがない」、年齢相応の女性には「若作りに必死なBBA」といったように、いわれるとカチンとくるリスト名を付けるのが一般的だ。

そこで、わざと「無能」「敵」「低学歴」といった不愉快な名前を付けたリストにターゲットのアカウントを追加する。相手の個人情報をいろいろ掴んでいるなら、「薄毛治療やってますw」「同じ会社のブスと不倫中」など、本人が隠している情報をリスト名にしてチラつかせるのもかなり効く。通知を目にした相手に精神的なダメージを与える、嫌らしい手口だ。

もう1つ、パスワードのリセット通知を何度も送る、というのも定番の嫌がらせだ。

Xはユーザー名さえ分かれば、登録したメールアドレスにパスワードのリセット通知を送ることができる。実際にリセットするにはコードを入力する必要があり、他人が勝手に変更はできないのだが、相手からすると身に覚えのないリセット通知が届くため不安な気持ちになる。

これを何十回も連続で送るわけだ。送られた相手は、メールアドレスにXから連続でメールが来ることになる。気味が悪いし、これを深夜早朝かまわずにやられたらたまらない。

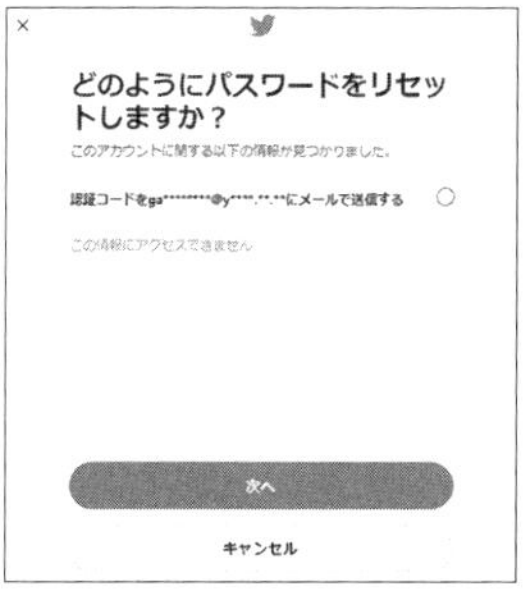

ログイン画面で「パスワードを忘れた場合はこちら」ボタンから、ユーザー名を入力することで、第三者でもパスワードのリセット通知を送れてしまう。

Xでなりすまして炎上させる

Xといえば名称がTwitterだった時代から、犯罪自慢の投稿をするバカ、通称バカッターがたびたび現れる。少し前にも、回転寿司店での迷惑行為を投稿した動画が炎上し、社会を騒がせたのは記憶に新しい。

こういうバカッターと呼ばれる人たちは、仲間内だけで楽しんでいるつもりがネット住民に発見され、すぐさま個人を特定※されたケースがほとんど。学校や職場などに連絡が行き、彼らは即刻退学・クビになり、人生終了。ネット上には永遠に名前が残ってしまう。

どうしても許せないヤツをバカッターとして偽装し、世界に晒すことができたら、どんなに愉快なことだろうか？　実は、それができてしまう。

まず、Xでターゲットとその友人になりすましたアカウントをいくつか作成する。Xのアカウントは誰でも複数個、作成が可能だ。これらのダミーはネタのための偽アカウントと思われないよう、

※すぐさま個人を特定
「特定班」と呼ばれる人たちの存在がデカい。彼（彼女）らは、相手の過去の書き込みや投稿された写真の背景、フォロワーとの人間関係といった断片的な情報を分析。炎上した個人をあっという間に特定し、晒し上げてしまう。

数か月は他愛のない会話をして、アカウントを※ちゃんと育てていく。そして、最後に、社会的に問題のありそうなバカ写真をアップするのだ。

写真にはターゲットの顔が写っている必要はない。顔を隠した他人の写真でもかまわないし、本人を素にコラってもいい。あとは過去の他愛のない会話から、本人特定の情報や写真を散りばめれば、それだけでネット住民は晒してくれるはずだ。

ただ、今の時代、Xでの炎上は雨後の筍のごとく発生する。その中に埋もれてしまい、思ったように燃え広がらない可能性はある。

そこで、炎上した「跡」を残すという手法もある。まるでターゲットが炎上したかのような痕跡を作り、過去に大きな過ちを犯した犯人に仕立てるというものだ。

まず、過去に晒されたバカッターの「まとめサイト」を検索する。Xで炎上した人物を晒すサイトは数多く存在するので、すぐに見つかるだろう。

次に、まとめサイトの内容をそのままコピーして、※同じようなサ

※ちゃんと育てていく
何気ない投稿をしながら、ターゲットが通う学校や勤務先、生活圏にある建物など、個人特定につながりそうな情報を小出ししておく。

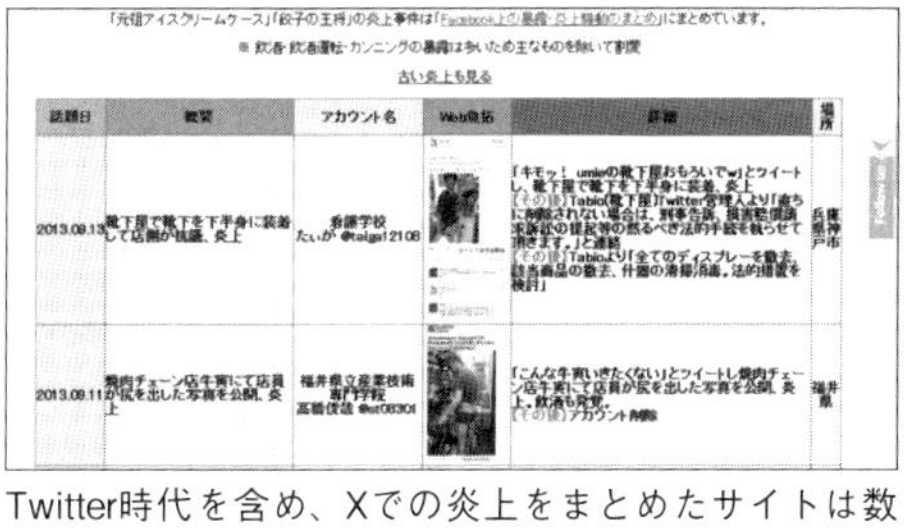

Twitter時代を含め、Xでの炎上をまとめたサイトは数多く存在する。

イトを立ち上げる。ただ、新たなサイトでは、炎上した人物の名前や出身地だけはターゲットのものに書き換えておく。これで準備は完了だ。あとは時折ターゲットの名前で検索して、作ったサイトがきちんとヒットすればOKだ。

ターゲットが就職や進学をする時に、先方が身辺調査をしようと名前を検索すると、このサイトがヒットすることになる。中を開くとターゲットがやらかしたDQN行為が……担当者は「過去に話題になったバカッターだったのか！」と勘違いしてくれる可能性は高い。

SNSアカウントをBANさせる

Xの裏アカウントで悪口をつぶやくヤツ、Instagramでリア充自慢をしてくるヤツ。そんなヤツらに大きなダメージを与えられるのが、SNSのアカウント※をBANさせることだろう。

頑張って獲得してきたフォロワーや「いいね」がある日突然消滅

※**同じようなサイトを立ち上げる**　WordPressを利用したサイトを調べ、こちらもWordPressで作ればいいだろう。テーマも同じものを使えば、簡単に似たサイトが作れる。

※**アカウントをBANさせる**　アカウントを停止させる、の意。SNSで暴れていた人が最近見かけなくなったなと思ったら垢BANされていた、というのはよくある話。

してしまう……彼らにとってそのショックは計り知れない。特にFacebook※の場合、一度カウントが凍結すると二度と新規作成できなくなる可能性もある。つまり、ターゲットをSNSから半永久的に追放し、生き甲斐を奪ってやることが可能なのだ。

SNSのアカウントを凍結させるためには、運営への通報、スパム報告、アカウントのブロックなどの方法が挙げられる。運営への通報は、ターゲットをコメントで挑発して「殺す」「死ね」などのNGワードを引き出したり、過去の投稿から暴力的な発言を掘り返すのもアリだ。

しかし、最も効果的なのは、DMCA侵害を運営に通報する、というやり方である。実際、この手口が使われ、著名人やゲームの公式アカウントが凍結に追い込まれたりもしている。

DMCA（デジタルミレニアム著作権法）は、デジタルコンテンツの著作権保護を目的にした法律だ。アメリカの連邦法なのだが、X、Instagram、FacebookといったSNSも運営企業がアメリカ法人であるため、著作権保護についてはこのDMC

返信先　さん
だっせぇな
返信先　さん
バカは死ね。以上。
ターゲットをコメントで挑発し、「殺す」「金払え」「死ね」など脅迫・暴力的な発言を引き出すのも手。運営に即、通報してやろう。

※Facebookの場合
Facebookは、本名以外での登録は規約違反に該当する。ターゲットがニックネームなどでアカウント作成していれば、通報のチャンス！

Aを基準としている。

この法律に則り、「自分の著作物が盗用された」と申し立てると、著作権侵害ということで盗用したアカウントは凍結される。そして、このDMCA、虚偽の申告が非常に通りやすいのが実情なのだ。

つまり、ターゲットがSNS上にアップした画像について、「自分がその画像の著作権者である」と虚偽の申し立てをすることで、ターゲットのアカウントを凍結に追い込むことができてしまう。

ターゲットのアカウントにアップされた画像をコピーし、アップローダや無料ブログなどにアップ。それを、自分に著作権があると主張すればいい。まさに〝やったもん勝ち〟である。

DMCA削除の申請については、各SNSに専用フォームやヘルプが用意されている。申請者は氏名や住所を登録する必要があるのだが、これについてもダミーの氏名や住所がまかり通ってしまうのが現状だ。


DMCA侵害は、Xのヘルプから報告できる。その他、商標権の侵害や偽ブランドの販売といった違反についても報告が可能で、こちらの虚偽申請で凍結されたケースもある。

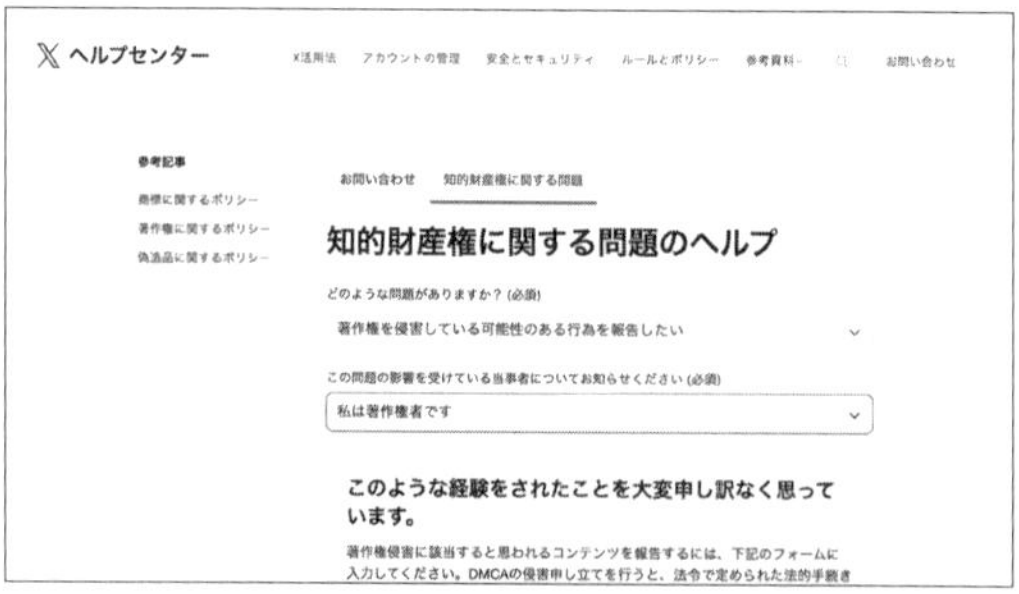

5ちゃんねるの晒しテクニック

インターネット最大の匿名掲示板だった「2ちゃんねる」。多数の利用者が存在し、早い時代からインターネット文化の方向性を見出していたものだった。「ハッキングから今晩のおかずまで」のキャッチフレーズは、まさにその象徴だったともいえよう。

その2ちゃんねるで過去に頻繁に行われていたのが、自作自演による〝晒し〟行為である。掲示板上で自作自演をすることで話題を自由に操作し、ターゲットを晒し上げるという方法だ。晒し上げられたターゲットは、今後の人生を左右しかねない大きな痛手を被ることになる。

しかし残念というか、2ちゃんねるは、大人の事情をこじらせてから乗っ取り劇が発生。現在は「5ちゃんねる」の名称で運営されているが、往時のような隆盛は見られず、乗っ取ったはいいが客離れ……という本末転倒なことが起こっている。それこそ1スレ1人くらいしか番人がおらず、本当に何をしても燃え上がることはない。

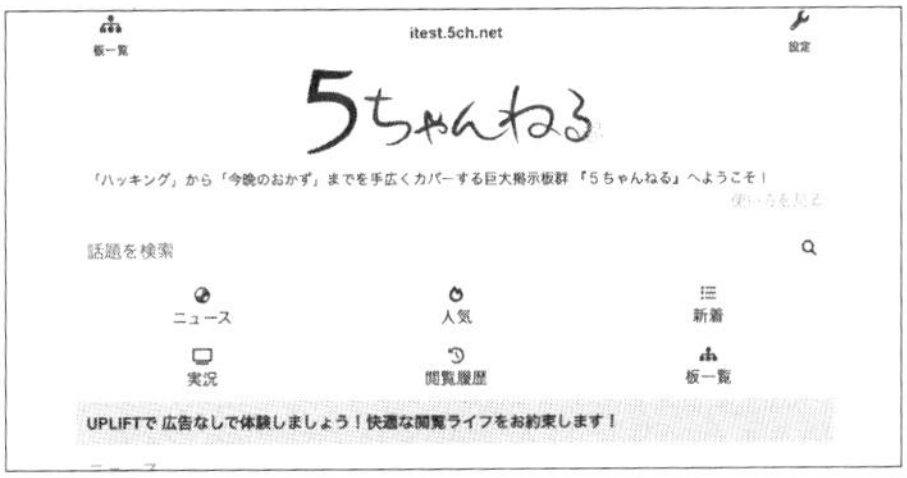

「5ちゃんねる」（https://itest.5ch.net/）。ニュースなどで「巨大掲示板群」といわれたら、大体がここを指す。

まさに燃えカス、消し炭状態。

また、現在掲示板に残っているのは2ちゃんねる時代からのガチ勢であり、それこそ煽り煽られを重ねてきた百戦錬磨のツワモノ達である。今さら初心者が殴り込みに行っても、殴り返されるどころか相手にもされないという事態になる。

とはいえ、過去の2ちゃねるで使われていた論調操作の方法は、現在でも使えるテクニックだ。複数のアカウントを用意すれば、今が隆盛のSNSに転用することもできる。

ここで紹介するのは、〝魔法の5人――ドラえもんの法則〟というものだ。では、ドラえもんの登場人物を思い出してもらいたい。

- のび太…頼りないイジメられっ子
- ドラえもん…のび太の悩みを解決する
- しずかちゃん…やさしいマドンナ
- ジャイアン…ガキ大将で傍若無人
- スネ夫…意地悪でジャイアンにくっついている

この5人の登場人物[※]がいれば、どんなドラマでも作ることが可能だ。つまり、個性が異なる5人のキャラクターを用意し、一人で5人を演じ分けられれば、自分が望む方向へ話の流れを持っていけるというわけだ。

まずのび太が、

「○○についてはこう思うんだけど」

と話題を振る。この主張はなんでもいい。できたら適当に的[※]を外した発言がいいだろう。

それに対しての反応を待つのではなく、自分が演じるジャイアンが高圧的に罵倒を投げかける。

「バーカ違うよ　アッチ行けよ　○ね」

さらに、ジャイアンに同調するスネ夫が追い打ちをかける。

「そーだよ　こいつダメじゃん」

流れとしては、のび太の主張はかなり部が悪いことになる。そこで、収めようとするのがしずかちゃんだ。

※5人の登場人物
『キテレツ大百科』のコロ助、キテレツ、みよちゃん、ブタゴリラ、トンガリもこのフォーマット。大漫画家が使い回すくらいなのだから、この法則は本当に潰しが効きやすいということだ。

※的を外した発言
例えば、フェミニズムがからむ案件や、法律の解釈の勘違いなどは叩かれやすい。ただし、叩かれるということは、晒しが捗るということなので問題なし。

「おまえら　人の意見は聞けよ」

当然、ジャイアンやスネ夫はしずかちゃんに対しても猛反発するわけだが、最後にドラえもんが正論を吐く。

「だから結局こういうことなんじゃね？」

こんな感じで5人の会話を繰り返していくうちに、自分以外の第三者が割り込んできたらしめたものだ。あとは、その第三者を巻き込むように論争を広げれば、それに応じる誰かが現れ、さらに誰かが巻き込まれる。

昔でいう「祭り」、今でいう炎上のきっかけは、面白そうな現象に人が集まることで起こる。どんな大きな炎上（祭り）でも、第三者をうまく巻き込めるかがカギになる。

SNSで晒しを行う時は、ターゲットの過去の失言を持ち出したり、ターゲットの「ありもしない話」を創作することからスタートする。内容は誰もがムカっとする、キチな話題にするのがポイントだ。慣れるまではまとめサイトなどで、過去に炎上した発言や話のパターンを学ぶとよいだろう。

友人宅のWi-Fiで犯罪予告

元友人宅のWi-Fiパスワードを知っているなら、そいつを誤認逮捕に追い込めるかもしれない。過去に友人宅へ行ったことがあり、Wi-Fiにつないだことがあれば、スマホなどにWi-Fiのパスワードが保存されているはずだ。

ターゲットを誤認逮捕させる方法とは、そのターゲットになりすましての「犯罪予告」。ターゲット宅のWi-Fiを使って、5ちゃんねるなどの掲示板に脅迫文を書き込むのだ。

ターゲットが家にいることを確認し、家の近くなどのWi-Fi※の電波が入る場所で5ちゃんねるにアクセス。「冷たいの売ります」などといった覚醒剤の販売を匂わせる営業をすると、ジワジワと相手を追い詰められる。

だが、最もスピーディーなのは学校などへのさまざまな予告だろう。実際に逮捕されたような過去の脅迫文をまとめサイトなどで下調べしつつ、犯罪計画を記入。場所が限定されないように、淡々と

※Wi-Fiの電波が入る場所
国内で販売されているWi-Fiルータは、出力が10mWに設定されている。電波の出力としては弱いのだが、それでも50〜100m先の屋外までは余裕で飛んでいる。

投稿する。さらにいくつかの質問に答えて書き込めば、なおさら真実味がアップするだろう。

5ちゃんねるに書かれた脅迫文は、巡回者によって即座に通報される。警察はそのログを見て、ターゲット宅のネットワークだと認識する、という流れだ。

ただし、PCにはMACアドレスという固有の番号が振られているので、普段使っているPCを使うのは厳禁。そのアドレスから特定されてしまう可能性が高い。ゆえに、中古のノートPCを東京・秋葉原の店頭で購入しておくなどの策が必要になる。

また、何らかの予告をする際、飛行機をからめるのは危険。というのも、ハイジャック未遂の罪も上乗せされるので、罪の重さが飛躍的にアップする。警察も本格的に捜査を始めることになるだろう。

第3章

元恋人に復讐

一度は心を通わせた、元恋人という存在。きれいな形で終わればよいのだが、現実には「信じていたのに裏切られた」「尽くしたのに利用されていた」などという不幸な結末が絶えない。相手への愛情が深ければ深いほど、裏切られた後の恨みは大きくなってしまうものだ。

元交際相手というのはその関係上、相手の情報をたくさん掴んでいるため、手段さえ選ばなければ復讐自体は容易い。仮に相手の職場に電話したりSNSに書き込んだりして内情をバラ撒けば、それだけでもターゲットにはかなりのダメージになる。

しかし、そんなことをすれば誰が犯人なのかは明白。相手からも同じことをされ、自分も大きなダメージを負うリスクがある。※元恋人への復讐についていえば、感情に任せてくれぐれも無謀な行動はしないことだ。

ここでは復讐のターゲットが女性、つまり元彼女や元妻に復讐する場合をメインにその方法を考えてみた。

※**相手からも同じことをされ** 関係が近ければ近いほど、相手について知っている情報量は多いが、逆にこちらの個人情報も相手に握られているということだ。それを忘れないように。

LINEアカウントを凍結させる

元恋人とのやり取りにLINEを使っていた、というケースは多いと思う。手軽な連絡手段として、コミュニケーションツールとして、LINEは欠かせない存在になっている。おそらく元恋人は、今でも友人や同級生、仕事仲間との連絡にLINEを使っているだろう。

しかしそんなLINEだが、使えなくしてしまうことが可能だ。相手のLINEのアカウントを凍結させる手口がある。必須の連絡ツールゆえに、突然LINEが使えなくなれば、相手はさぞ困ることだろう。

その手口は単純で、ターゲットのLINEのIDを、出会い系サイトや掲示板に載せるだけ。特に近年は、出会いを目的にLINEのIDやQRコードを交換する「LINE掲示板」というものもある。そういったサイトや掲示板に、「遊んでくれる人募集」「ホテルデート希望です」などのメッセージとともに、ターゲットのLIN

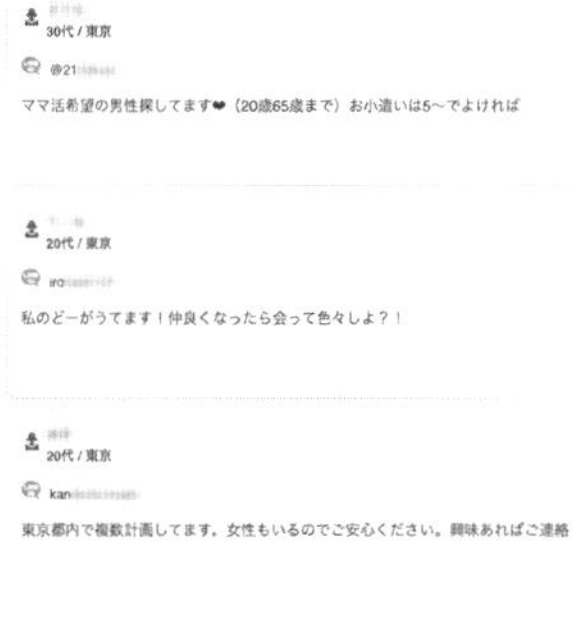

出会い目的でLINEのIDを交換する掲示板。ネットで検索すればこの手のサイトは無数に見つかる。ここにターゲットのLINE IDを載せてしまうと……。

EーIDを書き込んでしまうわけだ。

運営会社のLINEヤフーは、出会い目的でIDをネットに公開する行為を規約で禁じており[※]、出会い系サイトなどへのIDの書き込みは規約違反にあたる。

IDを書き込まれていることがバレたり通報[※]されたりすれば、そのLINEアカウントは利用停止。場合によっては、アカウントの再登録も禁止されてしまう。つまり、同じ電話番号では二度とLINEを使うことができなくなってしまうのだ。

Xでの女子に効く嫌がらせ

第2章ではX[※]（旧Twitter）での嫌がらせの手口を紹介したが、女性にこそよく効く手口というものもある。監視していることを暗に匂わせ、ターゲットの不安を煽るのだ。

その1つが、相手の全ポスト（ツイート）に「いいね」を付ける、というもの。ターゲットの過去の投稿まで遡り、最初のポストから

※規約で禁じており
「面識のない第三者との出会いや交際を目的とする行為は禁止」と明記されている。

※通報されたり
LINEには通報機能があり、通報すると運営会社が対象アカウントをチェックするのだ。ちなみに、通報しても相手にはバレない。

※Xでの嫌がらせ
捨て垢から行うことはいうまでもない。

最新のポストまで片っ端から「いいね」を付ける。

Xでは誰かが投稿に「いいね」を押すとポスト主に通知されるため、相手には自分の投稿がすべてチェックされたことが知らされる。そして、「いいね」が押され続ける間、ターゲットのスマホには「〇〇さんがいいねしました」という通知が怒涛のように押し寄せることになる。

本来であれば付くとうれしいはずの「いいね」だが、鳴り止まない「いいね」は恐怖でしかないだろう。

もう1つ、鍵垢（非公開設定にしたアカウント）から大量のリプライを送る、というのもされた相手からしてみれば実に気味が悪い嫌がらせだ。

投稿に対して鍵垢からリプライが送られると、ポスト主はリプライされたことは分かるが、誰がリプライを付けたのかは分からない。ポストに表示されるリプライ件数には鍵垢の分も数が反映されるが、リプライの内容は表示されないのだ。

そこで、ターゲットがポストしたら、11、22、33のゾロ目など、

どうでもいい内容のポストもあえて「いいね」することで、監視されているような気分になる。他人へのリプライにまで付くと異様さが際立つ。

目につきやすい数のリプライを送る。「やけにリプが届くけど何だろう」と相手がリプライを確認しても、内容は何一つ表示されない。誰が、一体どんな意図で自分のポストに反応しているのか、ターゲットは何者かに見られているような不快な気分になるはずだ。

しかも現時点では、鍵垢からのリプライを防ぐ術はない。鍵垢はアカウント名そのものが見えないないため、ブロックすることもできないのだ。

なりすましInstagramで不倫匂わせ

女性に特に人気のSNSといえば、Instagram（インスタグラム）。〝映え〟る写真を投稿して「いいね！」の数を競ったり、センスのいい女ぶりをアピールしたり、もちろん友人間のコミュニケーションにも使われている。

そんなInstagramに元恋人がアカウントを持っているなら、相手になりすますという嫌がらせの方法がある。

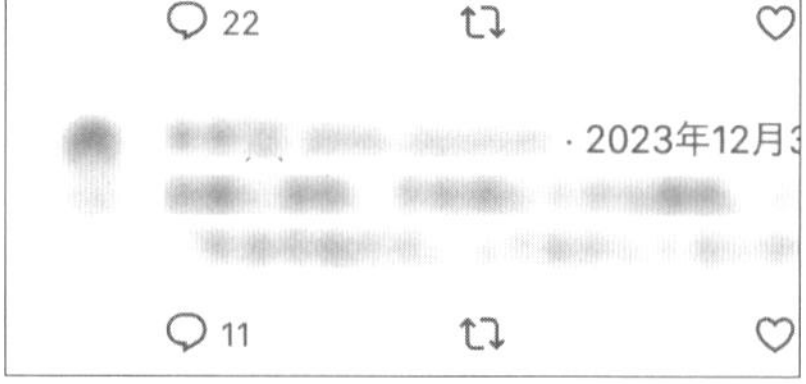

鍵垢から大量のリプライが送られてきても、送ってきた相手のアカウントやリプライの内容は表示されない。ターゲットをモヤモヤさせる手口だ。

Ｉｎｓｔａｇｒａｍでのなりすましは、簡単にできてしまう。プロフィールや投稿をコピーしたアカウントを作成し、プロフィール欄に「新しいアカウント作りました！」「サブアカウントです♪」などと書いておけばいい。その上で、ターゲットの友人をできる限りフォローし、フォローを返してもらう。

そして元恋人になりすましたところで、意味深な投稿写真とともにヤバいワードをぶち込む、というのが嫌がらせの流れだ。ヤバい投稿とはズバリ、不倫。

空や花、風景の写真に、「奥さんと早く別れてくれないかな」とか「私のことが一番好きっていってくれた」など不倫していることを匂わす言葉を添え、深夜の時間帯に投稿するとそれっぽくなる。「#不倫」「#婚外恋愛」などのハッシュタグを付けるのも効果的だ。

また、Ｉｎｓｔａｇｒａｍにはストーリーズという24時間限定公開機能もある。こちらは最新の投稿が常にユーザーのホーム左上から順番に表示されるので、ちょっとした料理の写真などを上げて、不倫相手と過ごしたことを匂わせる投稿を連投するのもイタイ女の

付き合っていた時に撮影した写真をアイコンにし、「アカウント作り直しました！」などとプロフィール欄に書けば、なりすましアカウントが作成できてしまう。

何気ない投稿写真とともに、謎のポエムや不倫を匂わせる文章を投稿し、じわじわと「ヤバい女」像を作っていく。

感じが出る。

「不倫している女」のレッテルが貼られてしまった元恋人は、友人達からどんな視線を向けられるだろうか？

個人情報をゴミとして晒す

恋人同士というのは非常に特殊な関係で、アカの他人なのに多くの個人情報を共有している。名前や生年月日、血液型はもちろん、住所、勤務先、携帯電話の番号、SNSアカウント、出身校、実家の住所、友人の名前……などなど。中には、銀行口座や預金残高といった財務状況を共有している人達もいるかもしれない。

このような元恋人の個人情報をネットで売る※、という仕返しが昔はよくあった。ただし、昨今はどこも個人情報の取り扱いには目を光らせるようになり、ほとんどのSNSや掲示板サイトでも個人情報を晒す行為を利用規約で禁止している。書き込んだところで、即削除されてしまうのがオチなのだ。

※個人情報をネットで売る
借金から逃れている人や日本に出稼ぎに来ている外国人など、昔は「買いたい」という人が実際結構いて、2ちゃんねるにスレが立ったりしていた。元恋人の情報を譲ってあげることが、一種の人助けになっていた……かもしれない。

そこで、元恋人の個人情報を晒す別の嫌がらせがある。

ターゲットが利用しているゴミ集積所、そこにあるゴミ袋の中に元恋人の個人情報を捨ててしまうのだ。混ぜるのではなく、あくまで〝捨てる〟。

個人情報をただメモ書きしたものでもいいが、何か適当な申し込み用紙[※]の記入欄を元恋人の情報ですべて埋め、それをゴミとして入れる形にするとなお違和感がない。個人情報を書いた紙は半透明のビニール袋を通して見えるような場所に入れ、そして最後に、空き缶や空き瓶のような資源ゴミも袋の中に混ぜておく。

するとどうなるかというと、資源ゴミが分別されていないゴミ袋は回収されず、そのまま放置される。そして、その中ではゴミ袋を捨てた（とされる）張本人の個人情報が丸見えである。近隣住民達は、「あのマンションの○○号室に住む○○さんは、ゴミを分別せずに捨てるゴミクズ人間」とターゲットのことを誤解してしまうだろう。もちろん、放置されたゴミ袋をターゲット本人が見たら、「なぜここに自分の個人情報が!?」ということになる。狼狽するの

※何か適当な申し込み用紙
定期券購入申込書や旅行参加申込書など、紙でもらえる申し込み用紙はまだたくさんある。ただし、ターゲットに一番ダメージを与えられるのは履歴書だ。何せ履歴書には顔写真が入る。元恋人であれば、相手の写真の1枚や2枚は持っているだろう。

は確実で、精神的ダメージは相当だ。

ターゲットのマンションにゴミ集積所がある場合は、もっとひどいことになるかもしれない。ゴミ出しマナーにうるさい管理人や住人がターゲット宅の前にゴミ袋を〝返却〟したりすることがあるからだ。ターゲットは他人が出したゴミと、何者かが捨てた自分の詳細な個人情報を唐突に突きつけられることになる。

痴漢掲示板に書き込んで元恋人をはめる

犯罪の温床になっているとして続々と閉鎖に追い込まれている※が、「痴漢掲示板」なるサイトがある。痴漢プレイする相手を募集したり探したりする掲示板だ。

変態プレイを楽しみたいならやりたい者同士で好きにやればいいのだが、中には嫌がらせ目的でこの類の掲示板を利用する人間もいる。ターゲットを「痴漢されたい女」に仕立て上げるという嫌がらせで、手口はこのようなものだ。

※**閉鎖に追い込まれている**
痴漢掲示板って痴漢をほう助してるよね？　そう見る向きは多い。しかし運営側は「痴漢は犯罪だと注意喚起している」「書き込みは〝妄想〟で表現の自由」などと言い逃れるようだ。

まずは女のフリをして、「○○線でどなたか触ってくれませんか？」などと痴漢相手の募集を出す。大抵の痴漢掲示板では、パートナーが見つかった場合、より詳しい情報のやり取りをメールやメッセージアプリで直接行うことになる。

そこで、ターゲットの通勤時間帯やよく乗車する車両、服装などを事前に調べておき、パートナーに知らせれば準備は完了。「○○時発の○○行き。○号車にいます。服装はグレーのニット、黒のスカート、赤いバッグを持っています。抵抗しますが、絶対に止めないで下さい。複数人にヤラれるのが好きなので、友人に興味のある方がいたら呼んで下さい」。

痴漢プレイのパートナーは、その日時にその車両に乗り込み、ターゲットを発見。そして、何も知らないターゲットは痴漢野郎の群れにモミクチャにされ、パニックに陥る……というわけだ。

ちなみに、ゲイを装い、「電車の中で男性からヤラれるのが好きな男です」などと書き込めば、ターゲットが男の場合にも通用してしまう手口である。

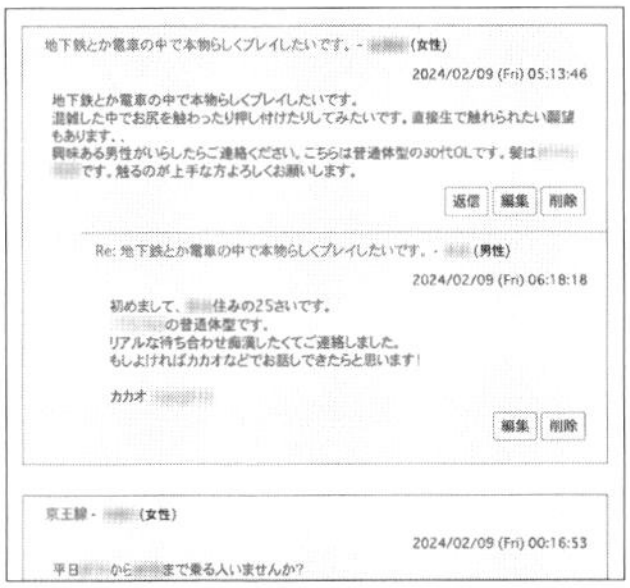
地下鉄とか電車の中で本物らしくプレイしたいです。 - (女性)
2024/02/09 (Fri) 05:13:46
地下鉄とか電車の中で本物らしくプレイしたいです。
混雑した中でお尻を触わったり押し付けたりしてみたいです。直接生で触れられたい願望もあります。.
興味ある男性がいらしたらご連絡ください。こちらは普通体型の30代OLです。髪は です。触るのが上手な方よろしくお願いします。
返信 編集 削除
Re: 地下鉄とか電車の中で本物らしくプレイしたいです。 - (男性)
2024/02/09 (Fri) 06:18:18
初めまして、住みの25さいです。
の普通体型です。
リアルな待ち合わせ痴漢したくてご連絡しました。
もしよければカカオなどでお話しできたらと思います！
カカオ
編集 削除
京王線 - (女性)
2024/02/09 (Fri) 00:16:53
平日から まで乗る人いませんか?

痴漢したい人とされたい人がプレイ相手を募集する掲示板。パートナーが見つかった場合、カカオトークなどでより詳細なやり取りを行うことになる。

住所不明の元恋人にプレゼント攻撃

第2章で書いたフードデリバリーや不用品のプレゼント攻撃は、元恋人に対しても当然有効だ。

しかし、男女間というものは、別れた直後からお互いの近況が掴めなくなるものらしい。賃貸物件を引き払ったが最後、相手の所在が掴めなくなることも珍しくない。

そこで、である。住所不明の相手に不用品をプレゼント送りつけるには、Ａｍａｚｏｎの「ほしい物リスト」を利用する手がある。これはＡｍａｚｏｎユーザーが欲しい商品をリストに登録して公開することで、住所などを明かすことなく、その商品を他ユーザーからプレゼントしてもらえるというサービスだ。逆にいえば、このサービスを利用すれば、こちらが相手の住所を知らなくても、相手の住所に商品を送ることができてしまう。

「ほしい物リスト」は知人に公開するのが前提のリストなので、共通の知人経由であれば入手するのは容易い。また、ターゲットがX

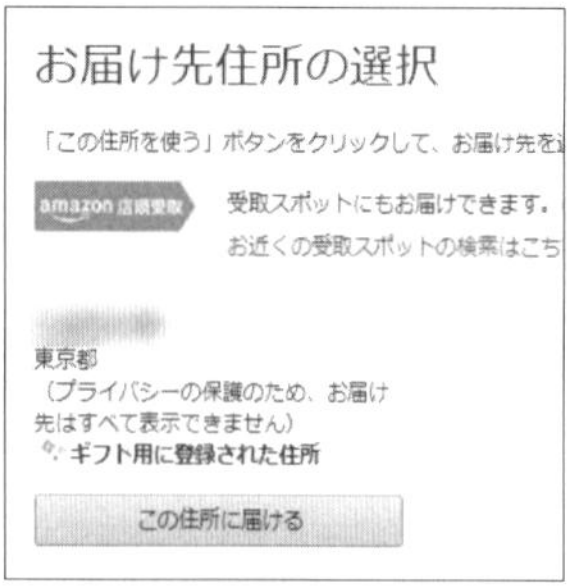

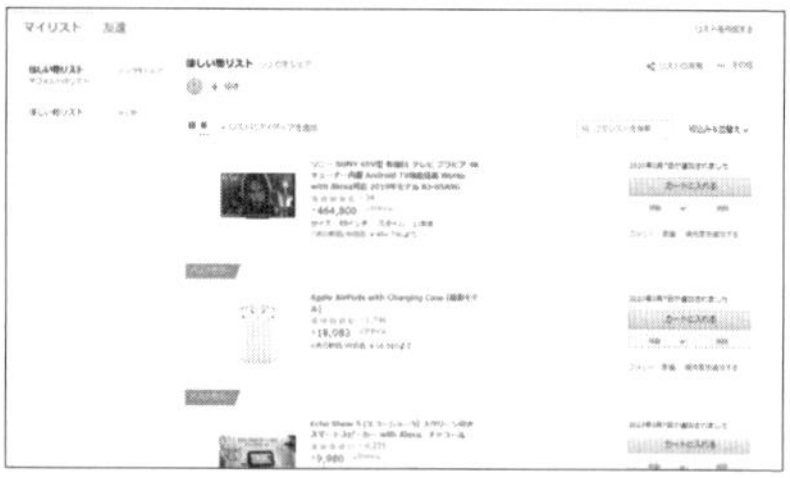

Amazonの「ほしい物リスト」にある商品は、相手の住所が分からなくても送ることができる。

などで公開している場合も多いので、SNSもチェックする。

リストを入手したら、その中のアイテムを1点カートに入れ、さらにリストにはない〝嫌がらせアイテム〟を一緒にカートに入れる。配送先にターゲットの住所を指定したら、ここからがポイントだ。

このまま送付した場合、商品にはこちら（送り主）の名前や住所が記載されてしまう。そこで、自分の氏名や住所を偽装し、さらにAmazonギフトカードを使って決済すれば、身元を隠すことが可能だ。そして、最後の確認画面で「ほしい物リスト」のアイテムは削除。すると、嫌がらせアイテムのみが決済され、ターゲット宅に嫌がらせアイテムが発送されることになる。

Amazonにはなんでも揃っているのでいろいろな嫌がらせアイテムが考えられるが、相手が女性ならば花を送るのはどうだろう？ Amazonには生花もあるので、誕生日など相手が大事にしている日が来るたびに葬儀用の白い菊の花を送ってあげる。

卑猥な下着や特殊なマッサージ器なども嫌がらせアイテムの定番だ。そんな気持ち悪いものを自宅に置いておくわけにもいかず、タ

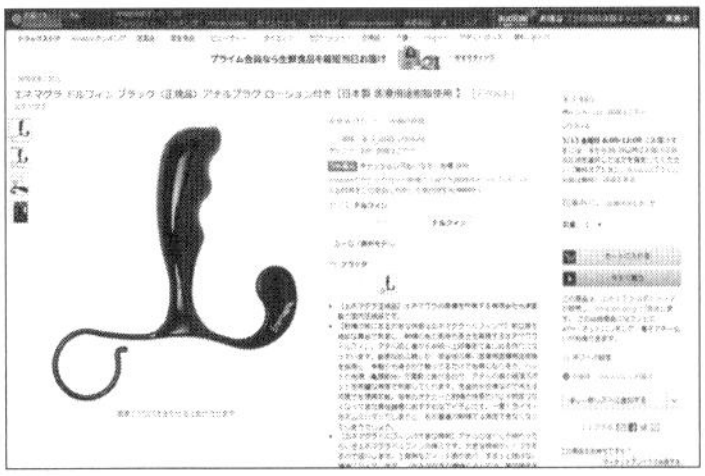

カートに相手の「ほしい物」を入れた後に、送りつけたい不用品を追加。レジに進む。

最後の確認画面で、ほしい物リストから選んだアイテムを削除。不用品のみを決済すれば、ターゲットに不用品が発送される。

ーゲットは途方に暮れるだろう。

突然インターホンが鳴りっぱなしに

深夜に突然、インターホンの呼び出し音が鳴り響く。連打されているのか、鳴り止む気配はない。何事かとモニターを覗いてみるが玄関先には誰もいないようだ……。じゃあなぜインターホンは鳴っているのか？

まるでホラーのような展開だが、この恐怖の時間を作り出す方法がある。仮に一人暮らしの女性の部屋でこれを起こせば、与える恐怖とストレスは半端なものではないだろう。

その方法とは、玄関先にあるインターホンを意図的に故障させるというものだ。

家庭用インターホンは室内にあるものが親機、屋外にあるものが子機となっていて、子機はプラスドライバーがあれば簡単に取り外すことができる。さらに、子機本体の裏側のネジを外せばケースを

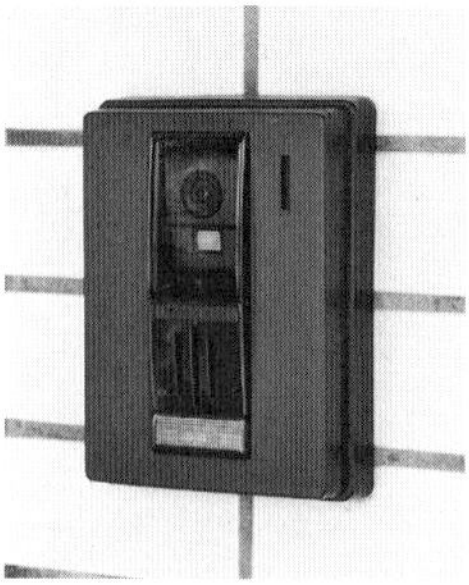

玄関先にあるインターホン子機は、プラスドライバーがあれば簡単に取り外すことができてしまう。

開けることができ、ケースを外すと内部には電子基板がある。狙うのはここ。電子基板につながっている配線に霧吹きなどで水をたっぷりと吹きつければ完了だ。配線はビニールの絶縁電線になっているが、ビニールを傷つけて電線を露出させておくと、さらに効果は増す。

この状態で子機を元に戻しておけば、内部は結露したのと同じ状態になり、いずれ漏電するようになる。漏電によって子機は誤作動を起こし、ある時期から突然、呼び出し音がランダムに鳴ったり、鳴りっぱなしになったりするのだ。

実際、インターホンは結露や配線の経年劣化による自然故障が多い。修理業者が見ても、故障が嫌がらせによるものだと発覚しにくい点もこの手口の巧妙なところである。

元恋人宅をゴキブリの巣窟にする

人間から最も忌み嫌われる生き物、それがゴキブリ。夜中、ひと

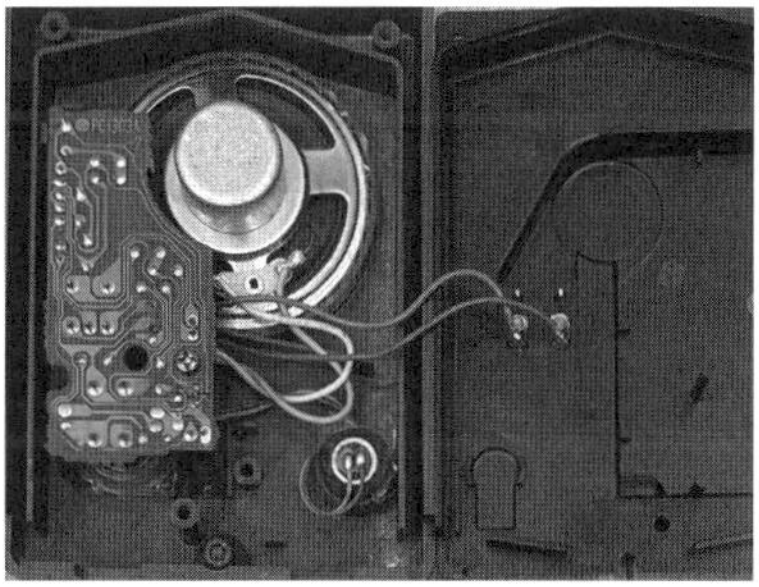

子機の内部は電子基板が並んでおり、ビニール線の配線がある。ここに水をかけてショートさせると誤作動を起こし、呼び出し音が突如鳴り出したり鳴りっぱなしになったりするのだ。

り暮らしの部屋に突如コイツが出現すると、大抵の人間は悲鳴をあげるか感情を失うかのどちらかになる。

ゴキブリは人間のアカやフケなどの成分、さらに生ゴミなど汚らわしいものを好み、好みの匂いを嗅ぎつけると集結する。つまり、ゴキブリの大好物となる油成分の柔らかい餌を製造。それをターゲット宅の周囲に仕込めば、虫が死ぬほど嫌いな元恋人宅にゴキブリを呼び寄せられるということだ。

使う材料は、ジャガイモ、鰹節、食用油の3つ。まずはジャガイモを蒸した後に、こし網でこす。次に鰹節をスリ鉢で粉末状になるまで下ろし、こしたジャガイモとよく混ぜ合わせる。最後に食用油を軽く垂らして、ダンゴ状にすれば完成だ。

ジャガイモの食感、鰹節の香り、そして油の味はゴキブリの食欲中枢を刺激し、近所中のゴキブリが集結することになる。ちなみに、これにホウ酸をまぜると〝ホウ酸ダンゴ〟になり、ゴキブリなどに対する殺虫剤になるわけだ。料理をするのが面倒であれば、金魚や鳥などの人口餌で代用するのもアリだ。

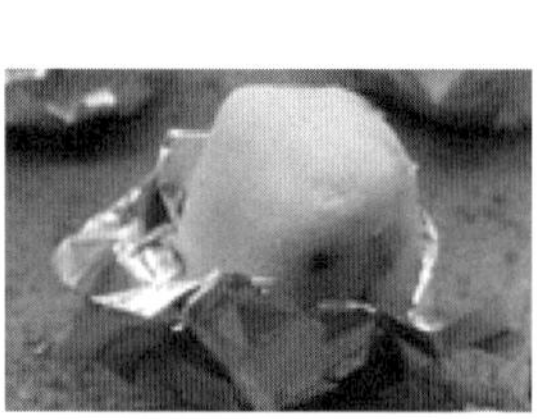

こしたジャガイモに鰹節を混ぜ、食用油を垂らせば特製ダンゴの完成だ。これをターゲット宅のエアコンの貫通穴などに仕込む。

ゴキブリはなんでも食べるが、大好物を使って餌を作るとおびき寄せやすくなる。餌の材料はジャガイモ、鰹節、食用油だ。

特製ダンゴをセットする場所は、エアコン本体と屋外の室外機をつなぐ壁の穴（貫通穴）が狙い目。貫通穴の周りはエアコンパテという紙粘土のようなもので埋められているが、このエアコンパテを取り除いて特製ダンゴを詰め込めばいい。餌におびき寄せられ襲来したゴキブリが、そのまま室内に侵入することになる。

または、室外機の隙間やプランターの下、一軒家なら庭に撒いてしまうのもいいだろう。ゴキブリは物陰で成虫になることが多いため、集まってきたゴキブリが大繁殖※し、ターゲットの自宅の周囲はゴキブリの巣窟になるわけだ。

結婚相談所に勝手に資料請求

元恋人に対する最大の復讐は、戸籍を汚すことだろう。勝手に婚姻届を出して一度結婚し、同じように勝手に離婚届を出して離婚する。元恋人は知らない間に離婚歴アリのバツイチになり、いざ本当に結婚しようと戸籍謄本をとった際にその衝撃事実を知ることにな

※**大繁殖**
1つの卵鞘から20～40の幼虫が生まれ、しかも成虫のメスは1匹につき10回以上も産卵するのだ。1匹見つけたらその30倍はいるといわれるのは、この繁殖力から来ている。おー気持ち悪い。

る……ということだったのだが、この手口は過去のものになった。現在は、婚姻届の提出に来なかった相手にも本人確認通知が送られるため、婚姻届を出したところで即バレるのがオチ。※結婚する両名と保証人2名の名前を書けば役所に婚姻届が受理された、おおらかだった昭和・平成の時代は終わったのだ。

では、令和の時代にはどんな嫌がらせがあるかといえば、「結婚相談所」を利用して相手にダメージを与える方法がある。

その手口は単純なものだ。ネットを検索すると、大手から地方密着型まで数百社からの結婚相談所が見つかる。そこにターゲットの名前や電話番号などを記入して、片っ端から資料請求する。相談所によっては無料相談や無料マッチングなどのサービスもあるのでそれに登録したり、資料一括請求サイト※を利用するのもアリだ。

これで何が起こるか。早ければその日からターゲットの携帯電話に数十社の結婚相談所から連絡が入る。「無料カウンセリングに今から来られますか?」「明日なら来られますか?」と、いきなりの勧誘だ。そう、結婚相談所の入会金や月額料金はめちゃくちゃ※高額

※即バレるのがオチ
すぐにバレはするのだが、実は婚姻届が偽造されたものであっても、役所の担当者は確認のしようがない。そのため、まだ受理されることはあるのだ。さらに、勝手に婚姻届を出された側は、家庭裁判所に婚姻無効の調停を申し立てるなどの手続きが必要になり、それなりに面倒くさい目に遭う。

※資料一括請求サイト
登録すると、一度に数十社の結婚相談所に資料請求できるサービス。つまり、ターゲットの情報を一斉にバラ撒くのに便利なサイト。

なのだ。相談所側も利益のために無料診断で入力した個人情報を使い、執拗に勧誘の電話をかけてくる。

そのしつこさはかなりのもので、1日に何度も電話をかけてくる業者もいれば、1年以上にわたって勧誘してくる業者もいるという。そもそも、女性に対して「(どうせ、相手はいないでしょ)なら、うちで婚活したら?」は屈辱的だし、仕事中でも休日でもおかまいなしの勧誘電話にターゲットはノイローゼになること必至だ。

嘘の結婚報告をさせて大恥をかかせる

結婚ネタはまだある。今度は交際している相手の不義理に気づいた時に実行できる方法だ。浮気をするようなクソ女には、別れる前に大恥をかいてもらう。

その中身とは、結婚したと思わせて実はできていなかった、というもの。浮気をするような性格の悪い女は、結婚したとなれば友人や会社に「私、結婚しました!」と得意顔で報告するだろうが、し

※**めちゃくちゃ高額**
どこでもいいので、一度結婚相談所の料金表を見てみてほしい。入会金が15万円、月会費が2万円、お見合い料が1回1万円、成婚料が30万円……など、数十万円は平気でかかる。勧誘電話がしつこいのも納得だ。

かしこの結婚は嘘だったらどうなるだろう？　周囲は彼女を訝しむことになる上、虚言癖と疑われるようになるかもしれない。

結婚を幻にするためのポイントは、「婚姻届の書き損じ」と「役所に時間外に行く」の2つ。戸籍とは違う漢字を使用するなど、婚姻届に彼女が気づかない程度の※さりげないミスを仕込んでおき、それを役所の時間外窓口に持って行く。彼女には「仕事で忙しいけど、結婚記念日は君の誕生日にしたいから時間外でも行こう」などと理由をつければ納得するはず。二人で婚姻届を役所に提出したという事実さえ作っておけばいい。

しかし、この時点では婚姻届は「預かり」という形になり、正式に受理されるのは後日。休みが明けて担当者が婚姻届を確認し、その時に記入ミスが発覚すると、連絡先（必ず自分の電話番号にしておく）に再提出を求める電話がかかってくる。そこで再提出を丁寧にお断りし、不受理処分にしてもらえば、ミッション成功。これで婚姻届の提出はなかったことになる。

彼女には「無事に受理されたよ」と幸せいっぱいな笑顔で報告し、

※さりげないミス
実際に記入漏れや誤記で再提出になったという人は多い。万が一、彼女に気づかれることを考慮し、複数間違いを入れておこう。

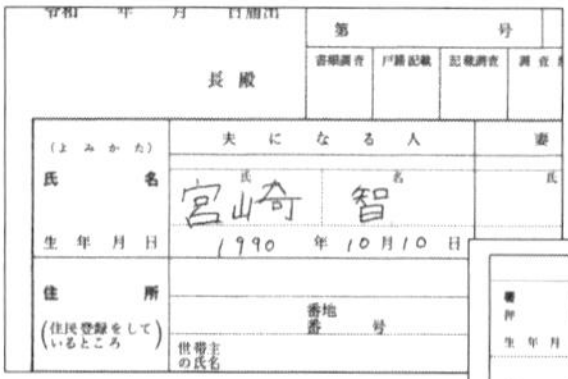

記入ミスで多いのが、戸籍とは違う漢字の使用。正しくは「崎」なのに、わざと「崎」にする。

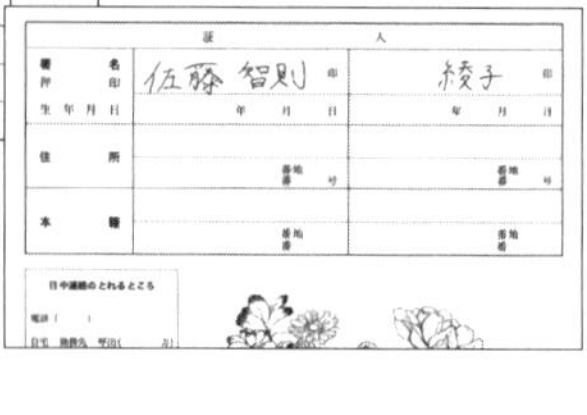

証人欄のミスの例。母親の名字が抜けている。同じ名字でも省略はNGなのだ。

しばらく泳がせておけばいいだろう。不義理を働いたこともすっかり忘れて、SNSなどでも得意げに報告するかもしれない。そして、来るべき日に「実は結婚などしていなかった」という事実を突きつけてあげたら、彼女はどうなるか……。

除毛クリームで髪の毛を永久脱毛

復讐は相手に自分の仕業だと悟らせないのが大原則だが、バレてもいいから狼狽する相手の顔が見たい、むしろ自分の仕業だと思い知らせたいというのであれば、もっと強烈な罰を与えることが可能だ。

中でも相手にとって最悪の罰といえるのが、髪の毛の永久脱毛だ。

恋人同士なら相手の家を行き来することがあるだろう。その時に相手が使っているコンディショナーに、脱毛のため除毛クリームを混ぜておくというわけだ。除毛クリームは脚や腕などのムダ毛を処理するためのもので、女性用よりも男性用の方が成分が強い。その中から色が白色で、コンディショナーとの匂い※の相性がいいものを厳選する。

これを、シャンプーではなくコンディショナーに混ぜる。というのは、コンディショナーはシャンプーよりも時間を置いて流す可能性が高く、除毛クリームの威力を発揮しやすいからだ。

コンディショナーの香料のおかげで匂いはかき消され、相手は何の疑いもなく洗髪することだろう。髪の毛は他の体毛よりも太いため、一度では難しいが、徐々に毛量が減っていくはずだ。

ちなみにこの手口は浮気性の男へのお仕置きとして行われるものだが、物理的には女性に対しても有効ではある。ただし、くれぐれもいっておく。男にも最悪の罰だが、髪の毛を大事にする女性にこれをやると本当にシャレにならない。また、傷害罪に問われかねないことを付記しておく。

※匂いの相性がいいもの
除毛クリームは、毛を溶かして除毛するという性質上、ツンとした匂いがするものが多い。匂いが控えめな製品がいいだろう。

ムダ毛の除毛クリームは、男性用の方が成分が強く効果が出やすい。価格は1000〜3000円程度で購入可能だ。

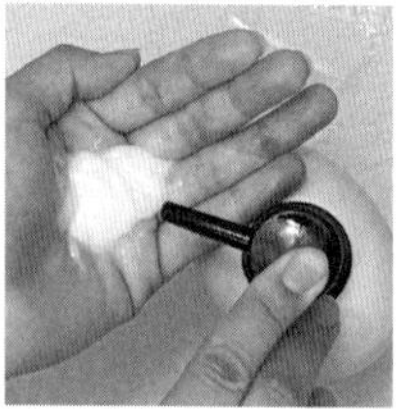

除毛クリームを、シャンプーではなくコンディショナーにイン。

偽物の名刺で仕事の邪魔をする

これも復讐する相手が男の場合に、特に有効なテクニックだ。なんだかんだで〝仕事＝生きがい〟の男性は多い。ならば、その生きがいを奪ってしまうのはどうだろうか。

必要なのは、相手が仕事で使っている名刺１枚。その名刺に記載されている電話番号やメールアドレスの部分を一部改変し、本人でも気づかない程度の偽名刺を作る。そして、偽名刺を本物の名刺とすり替えておくのだ。

何も知らずにその名刺を取引先に渡せば、先方からのメールが届かなくなったり、電話がつながらなくなったりして、元恋人は徐々に信用を失っていくだろう。結果、大事な契約などを取り逃し、ターゲットの評価も自ずと下がるという寸法だ。

でも名刺を改変するなんて大変なのでは？と思いきや、「そのま○ま名刺」などの名刺複製サービスを利用すれば簡単にできてしまう。まったく同じデザインの名刺が作れる上、文字修正にも対応し

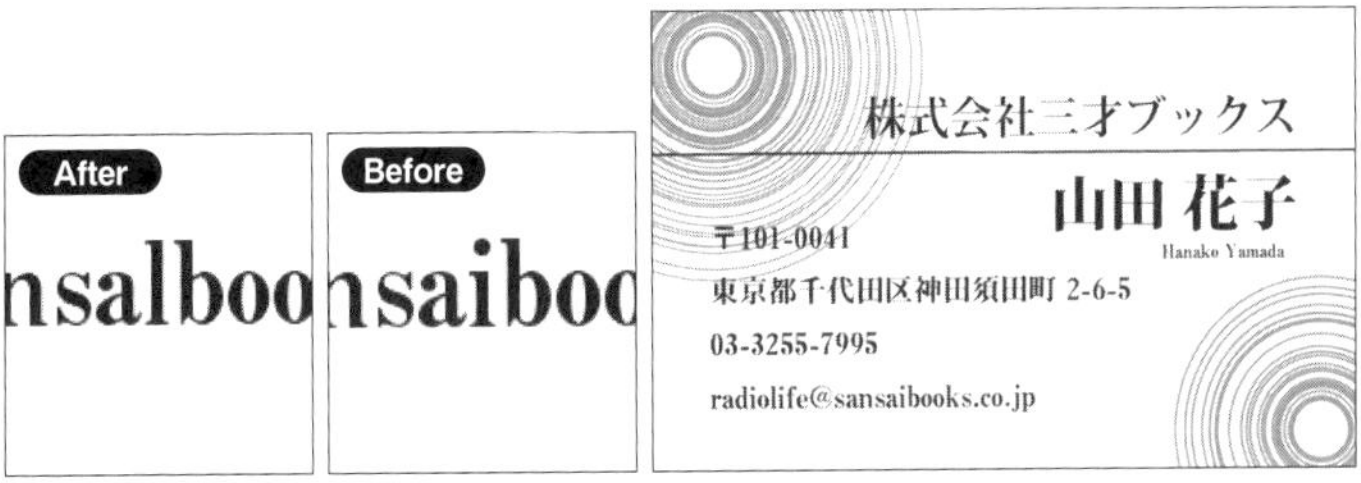

名刺複製サービスを利用すると、一部情報を改変した名刺を作成できる。メールアドレスを改変すれば、クライアントからのメールが届かなくなる。

てくれる。

信用調査を匂わせて立場を悪くさせる

男にとって最もダメージになるのは、会社での立場を悪くすること。それを簡単にやる方法は他にもある。

やることはシンプルで、元恋人の会社の総務部[※]の人事担当者に電話をかけるだけ。適当な会社名を名乗って信用調査、もしくは「雇用保険の調査」とでもいえば、すんなり人事の担当者につながるはずだ。

そして、話す内容がミソ。次のように聞いてみるのだ。

「○○さんは、在籍していますか？　部署はどちらでしょう」

「ご退職されたのは、いつ頃ですか？」

会社側では、当然「まだいます」「当社の社員です」などと答えることになる。が、重要なのは会社からの回答ではなく、そういった信用調査が入ったという事実だ。

※**総務部に電話をかける**
企業の規模によっては総務部や人事部がない場合もあるが、担当部署は必ずあるはずだ。中小企業の場合は総務部人事係という形になっていることもあり、それだと話は早い。

信用調査されるのは、多額の借金をする場合や転職を考えている人というのが相場だ。会社としては注意人物としてリストアップすることになり、元恋人は会社から目をつけられることになるだろう。会社側が本人に確認したりすれば、元恋人は身に覚えのないことを探られ、不信感を持つはずだ。会社での居心地が悪くなるに違いない。

元恋人のスマホを半永久的に監視する

恋人の行動が何か怪しい時、スマホの中をチェックしようとしたことはないだろうか？　現代人のスマホは個人情報の宝庫だ。不義理の証拠も保存されているだろうし、復讐する時にはスマホに記録されているさまざまなデータが役に立つ。そこで、スマホデータの抜き出しに利用されるのが、「子どもの見守りアプリ」である。

名前の通りこの手のアプリは本来、親が子どもの位置情報やスマホ使用などをモニタリングするためのものだが、それを恋人のスマ

子ども見守りアプリ「Cocospy」。インストールしたスマホを、PCから監視できる。iOS、Androidに対応し、価格は月額49.99ドル～。

ホにこっそり入れて浮気監視ツールとして利用するわけだ。しかしその機能たるや、「本当に子どもの見守り用か？」と勘ぐってしまうほど凶悪だ。

例えば、「Cocospy」という監視アプリがある。iPhoneでもAndroidでも使用可能で、ターゲットのスマホにインストールするだけで常駐する。インストールされると非表示になり、アプリを使用している痕跡は残らない。

では、どんな監視能力があるのか？ Cocospyがインストールされたスマホは、スマホを介したほぼすべてのやり取りが丸裸になるといっていい。

まず電話や連絡先アプリにアクセスして情報を抽出し、ターゲットの通話履歴を把握できてしまう。文字の入力もすべて記録するため、メールやSMS、LINEなどのやり取りを読むことも可能だ。また、スマホの位置情報やカレンダー情報を抜き出すことができるため、ターゲットの現在位置はおろかこれからの行動も筒抜けになる。さらに、写真・ビデオにアクセスし、ターゲットのプライベー

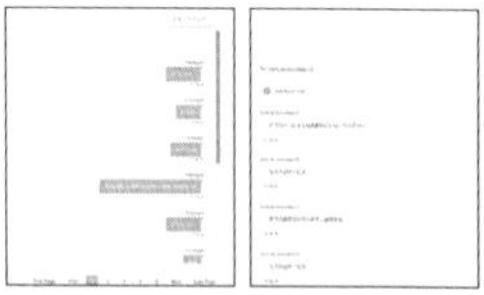

LINEやInstagramなどSNSの監視も可能。通知記録やキーロガーにより、アプリ上で行った操作や入力した文字が丸分かりになる。

Cocospyをインストールすると、電話や連絡先アプリにアクセスして情報を抽出する。

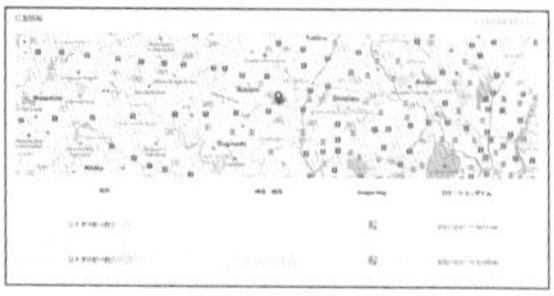

PCのマップ上で現在位置を確認できるほか、過去ログからどこにいたかが把握できる。

ト写真を勝手にダウンロードすることもできてしまう。

これらの情報が、監視する側のスマホやPCにいつでも届くのだ。しかも、ターゲットに気づかれることなく、半永久的にである。

美人局のブラックLINEを送信

ターゲットが既婚男性だったり新しい恋人ができているようなら、美人局[※]は非常に強力。とはいえ、現実に異性の仲間と共謀してターゲットをハメにいくのは簡単ではない。そこで、考えられるのがLINE、Facebook、Instagramなどのを使った方法だ。

例えば、LINEで新規IDを取得し、同級生（女性）に扮して、メッセージを送信する。LINEは、ターゲットの電話番号を電話帳に登録しておけば、知り合いとして「友だちに追加」が可能。つまり、相手に一方的にメッセージを送れるわけだ。

「○○君、覚えてる？　久しぶり！　中学校の時に一緒だった○○

※**美人局**
SNSで知り合った女性に会いに行くと、「俺の女に何しとんじゃ！」とばかりに片棒を担いだ男が現れ、金品を脅し取るのが典型手口。最近だと「エッチな写真を送り合いませんか？」と言われ、うっかり送るとそれを元に脅迫されるパターンも。

だよ。電話番号検索で出てきた」などといった内容でやり取りを始める。ポイントは、ターゲットの知り合いを演じるということ。まったく知らない女性からのメッセージであれば無視する男性も、同級生などの知り合いであれば油断するはずだ。クラスのマドンナに扮したり、ターゲットの初恋相手になりきれば、フツーの健全な男ならかなりの確率で食いついてくるだろう。

ターゲットとのやり取りは、仕事や家族のことなど何気ない日常の会話をベースに、相手の悩みなどを聞いたり、実際に会う約束をしたりするなどして距離感を縮めていく。自分だと称してネットで拾える女性の画像、会話がノってきたらちょいエロ画像を送るのもアリだろう。メッセージはなるべく過激な内容の方が、後でトラブルに発展しやすい。

そして、親密感のあるやり取りが揃ったところで、ターゲットのメッセージ画面をスクリーンショットで保存。それを印刷してターゲット宅に送り付けたり、妻や恋人にSNSで教えてあげるといった方法が考えられる。

ターゲットの電話番号を知っていれば、LINEの「友だち自動追加」機能を利用して友だちに追加。一方的にメッセージを送ることができてしまう。

第4章

会社に復讐

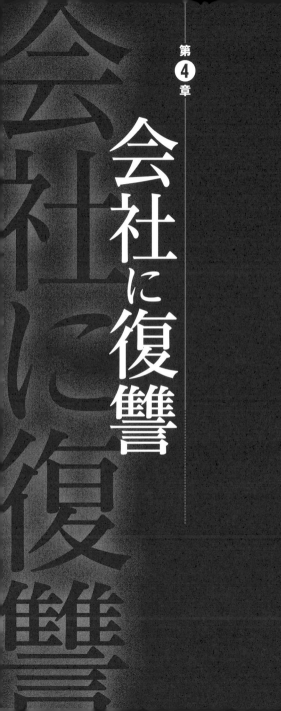

上司に復讐

復讐したい相手は会社関係の人間だ……このパターンが実は最も多いのではないだろうか。無理難題を押しつけてくる上司、ミスをなすりつけてくる同僚、下請けだと見下して理不尽な要求をする取引先。プライベートの友人関係と違って、職場では関わる相手を自分では選べない。

そんな会社はさっさと辞めてしまうのも選択肢の1つだが、許せない相手に仕返しして思い知らせてやるのもまた1つの選択肢だ。同じ会社の中にいるからこそ、実行できる復讐の手段というものもある。

ではまず、許せない上司にダメージを与える方法を考えてみよう。

借金まみれの汚名を着せる

部下に対していばり散らしている上司は、常に自分を大きく見せたいのかメンツというものに無駄にこだわる。逆にいえば、部下の前でメンツを潰されることを何より嫌う人種なわけだ。ということで、クソ上司にはまず〝借金まみれ〟の汚名でも着てもらおうか。我々平社員が安月給で困り果てた時にお金を借りる、消費者金融業者にちょっと力を貸してもらえばいい。

街には多種多様なローン会社が存在しており、貸金業法に則って融資をしてくれるきちんとした大手から、この法律に基づく登録をしていないいわゆる闇金※までさまざまある。そういった消費者金融に、片っ端から上司の名前で連絡し、会社宛に資料を送ってもらうのだ。電話をすると、クリーンなイメージを持たせるためか、大抵の業者が快く資料請求に応じてくれるだろう。

そして、数日後には「24時間振り込み可能」「即日融資」「来店不要」「0円無利息」といったパワーワードが印刷された分厚いパン

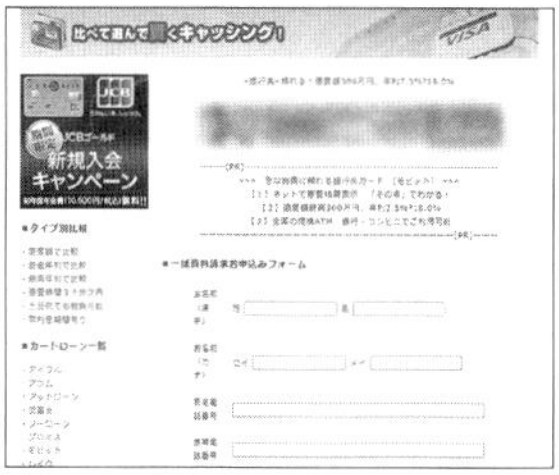

Web上でも簡単に資料請求できる。
複数の会社から一括請求も可能。

※闇金
闇金なんてどう見つけるの？という話だが、ネット上には闇金業者のリストが電話番号付きで公開されていたり、地域の闇金業者を検索できるサイトがあったりする。

フレットが届くことになる。毎日のように大量のDMがターゲットの上司宛に届くようになれば、自然と周囲の目に触れるように……。「ギャンブルで借金があるらしい」「浮気がバレて慰謝料が大変みたい」などと、噂が立つのも時間の問題だろう。

宗教団体に上司の名前で資料請求

たびたび世間でも話題になるカルト宗教や新興宗教。どんな宗教を信仰しようが個人の自由だが、それを会社には持ち込まないというのが暗黙のルールというものだ。

しかし、もし上司が宗教団体にはまっていることが分かったら……周囲は何か異様な雰囲気を感じ、上司とは距離を置きたくなるだろう。

最近の宗教団体は、信者獲得のためにホームページから資料請求※できるところも多い。ということで、上司の名前と会社の住所、電話番号などを入力すればすぐに上司宛に資料を送ってくる。

※資料請求できる
宗教団体のグッズを送るのも効果的。信者向けにペンダントや啓発本などの通信販売を行っている団体もあり、着払いも利用できる。

宗教系のYouTuberなどが「ヤバイ宗教Top10」といった投稿をしているので、それを参考にして選べばいいだろう。〇〇学会、〇〇教会、〇〇の光、〇〇教団……などの封筒は複数の郵便物の中でも目についてしまうはずだ。オフィスでも自然と上司と周囲との距離が広がっていくことになる。

さらに、団体側は資料請求した人は入会する可能性があると見なし、信者たちが日中に電話をかけてきたり、会社に訪問してくることもある。強引な勧誘や悪質商法を行うなど危ない噂がある団体ばかりに重点的に資料請求していけば、その後上司はどうなるか……。

業者からの営業電話地獄に突き落とす

「一日100件電話しろ！」などと理不尽なノルマを課してくるパワハラ上司。そんな上司に営業電話地獄とはどんなものか、身をもって味わってもらう方法がある。

利用するのは、車の一括査定サイトだ。これは車の買い替えを考

団体が運営しているWebサイトの問い合わせページには、大体資料請求の項目がある。そこに会社の住所と上司の名前を入力すれば……。

えている人には便利なサイトで、車種や年式、走行距離などを入力すると、一度に数十社もの中古車販売業者に査定を依頼できるサービスだ。

そこで一括査定サイトに行き、所定欄に上司の名前と住所、電話番号を入力する。査定に出す車は、ランドクルーザーやアルファードなど、中古車市場で人気の車種にしてあげるといいだろう。

すると、その日のうちに大量の中古車販売業者から上司の携帯電話に営業電話がかかってくる。昨年発覚したビッ〇モーターの不正事件でも明らかになったように、一部の中古車販売業者の営業電話というものはかなりエゲツない。「他社に買い取られてはいけない」という意識が働くのか、朝イチでも仕事中でもおかまいなしに電話をかけてくる。本人が電話に出るまであきらめてくれないため、上司は仕事に集中できなくなるどころか、私生活もボロボロになることだろう。

車の一括査定サイトはいくつもあるので、繰り返し使えてしまう手口でもある。

車の一括査定サイト。利用すると、業者からしつこい営業電話がかかってくる。そのしつこさはガチで、ネット上には「車一括査定のしつこい電話の対処法」なるサイトまでできている始末だ。

報告書のミスを捏造して信用を落とす

上司とは、部下である自分の評価を行う人である。その上司がパワハラ野郎でも人間として尊敬できなくても、会社組織である以上どうにもならない。では、自分直属の上司を評価するのはというとそのまた上司。つまり、社長や部長などの上役だ。

そこで、組織の縦割りを利用して直属の上司を陥れる方法がある。報告書※の偽造だ。

あなたが所属するグループや課をまとめる上司は、業務内容を会社に報告するために報告書を書いているだろう。その報告書は上司からさらに上役へと提出される。当然、上役は受け取った報告書を元にあなたの上司の評価を実施する。報告書にミスがあれば、必然的に上司自身の査定に響くというわけだ。

報告書は、上司のデスクの引き出しや棚などに置いてあったりするだろう。それをコソッと盗み出し、適当な誤字脱字を加筆したり数字を書き換える。手書きの場合は、修正ペンなどで文字を消して

※報告書
報告書に限らず、企画書や提案書、精算書でもいい。他に上司のミスを捏造できる会社のフォーマットがあれば、なんでも利用しよう。

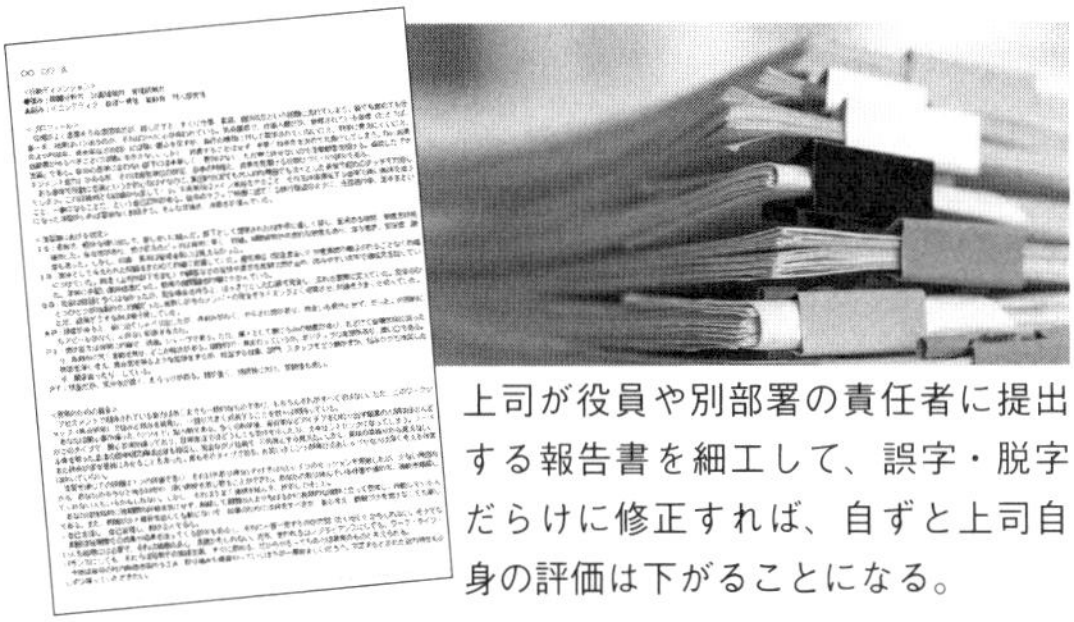

上司が役員や別部署の責任者に提出する報告書を細工して、誤字・脱字だらけに修正すれば、自ずと上司自身の評価は下がることになる。

しまうのもアリだ。ただし、ド派手に修正するのはＮＧ。仮に上司が見直した場合、一発で捏造に気づかれる可能性がある。あくまでも「気を抜いている時にやってしまいそうなケアレスミス」の範疇に留めておくのが賢明だ。

これを定期的に行えば、必ずや積み重ねが実を結ぶはず。[※]会社というものは、同じミスを繰り返す人間を評価しない。「仕事に身が入っていない！」「注意力の欠如だ」と、上役から叱責される上司の姿を楽しむこともできるかもしれない。

出張する上司にブツを仕込んではめる

毎日靴をすり減らし汗をかいて営業回りをしている一方、年中エアコンの効いた社内で優雅な時間を過ごす老害はどこにでもいるものだ。その上、年に数回は視察だの研修だのという理由で海外出張にまで行く始末……。そんな老害上司には汗の代わりに冷や汗をかいてもらうとしよう。

※**積み重ねが実を結ぶ**
すぐに効果が出るわけではないということ。逆に、小さなミスの積み重ねが重大事故につながることもある。これを「ハインリッヒの法則」という。

ご存じのように空港では、飛行機に乗る前に搭乗者のボディチェックと手荷物検査が行われる。手荷物はＰＣやモバイルバッテリーなど電子機器類をトレーに出した上で、機内に持ち込むバッグをＸ線検査に通すわけだが……このバッグの中にＸ線で引っかかるようなモノを仕込んでおけばどうなるだろうか。例えば、銃の形に切り抜いた金属板とか。Ｘ線検査では材質は判別できても、厚さまでは分からないという話もある。

銃（バレル）に使われる金属はいろいろあるが、その中でもステンレスやアルミニウムならホームセンターや通販サイトで入手できる。あまり厚いと加工が大変なので０・５〜１㎜の板辺りがいいだろうか。それを金切りバサミなどで、銃※の形にカットすれば出来上がりだ。

あとはその加工物を、上司が持ち歩くファイルケースやスーツケースのポケットにスッと忍ばせてしまえば準備完了。金属の加工が面倒ということなら、果物ナイフ、キリ、マイナスドライバー、注射器、ボウガンの矢など、〝先の尖った物〟を仕込んであげても面

飛行機の搭乗前には、保安場検査が行われる。セキュリティゲートを通ったら、続いて手荷物のチェック。Ｘ線にて機内に持ち込むバッグの中身を調べられる。

※銃の形にカット
薄いアルミ板なら、アルミカッターとサシガネで傷を付けていき、パキッと折った方が早いかもしれない。

倒事になるはずだ。

まあ、実行すると空港や他の乗客に大迷惑がかかるので、こんな手が考えられるよ、というくらいで留めておいてほしい。

会社メールを迷惑メールまみれにする

社内連絡や取引先とのやり取りにメールを使うことは多いだろう。しかしどこから漏れたのか、会社の自分のメールアドレス宛に迷惑メールが送られてくることはないだろうか？　フィルタリングすればいいのだが、やり過ぎると大事なメールが迷惑メールフォルダに振り分けられてしまうこともあるため、あまりシビアな設定はできない。要するに、迷惑メールの処理は面倒くさい余計な仕事だといえる。

では、この迷惑メールが毎日大量に届くように仕向けて、上司に余計な仕事を増やしてあげよう。

上司のメールアドレスを使って、懸賞サイト、風俗情報のメルマ

会社のメアドに毎日大量に送られてくる迷惑メール。フィルタリングすると、今度は大事なメールが迷惑メールフォルダに埋れてしまうことも……。

ガ、アダルトサイト会員などに登録しまくってあげるのだ。しばらくすると、上司のメールアドレスにはアダルト系の宣伝メールや出会い系の迷惑メール、当選詐欺メールなどが毎日大量に届くようになる。また、フリーソフトにユーザー登録してあげるのも地味に効く。どうでもいい情報を毎日配信してくれるというわけだ。

特に懸賞サイトやアダルトサイトには悪質なサイトも多く、来たメールを受信拒否にしても、別なアドレスからまた大量にメールが届くようになる。生産性のない迷惑メールの処理に上司が励んでくれれば、こちらにからんでくることも減るだろう。

機械に弱い上司のPCをクラッシュ

迷惑メール攻撃よりももっと直接的にダメージを与える方法がこれ。PCの破壊だ。会社の資料やデータが入ったPCが壊れれば、仕事を行うことはもはや不可能になる。

方法はいたって簡単だ。上司のPCの裏側にあるファンの部分に、

懸賞サイトやアダルトサイトに、ターゲットのメアドを登録しまくる。

殺虫剤スプレーをプシューッと吹き込んでやるだけ。夏の時期、ゴキブリや蚊などの害虫対策でスプレー式の殺虫剤を用意している会社もあるだろう。

通常、ＰＣのファンがある部分は電源部で、スイッチングレギュレータが内蔵されている。ここに液化した殺虫剤を吹きかけてしまうと、水分が電気部分に触れたり成分が固まったりしてショートし、そのうちファンが回らなくなる。ファンが回らないと熱でＣＰＵが壊れ、時間をかけてＰＣの破壊が進んでいく。頻繁にフリーズしたり突然電源が落ちるようになれば、ＰＣに詳しくない上司はパニックになるだろう。

さらに、こっそりと上司のＰＣを使用できる状況にあるならば、Ｗｉｎｄｏｗｓの〝禁忌の呪文〟といわれるコマンドを入力する最強最悪の手もある。「cmd /c rd /s /q c:\」というシンプルな文字列だ。

コマンドプロンプトで管理者としてこれを実行すると、ＰＣのＣドライブのデータを一括で、しかも超高速で削除していく。ＯＳも

電源ファンやCPUファンが動作不良になると、発熱によりPCにダメージが蓄積。ある日突然起動しなくなるなんてことに……。

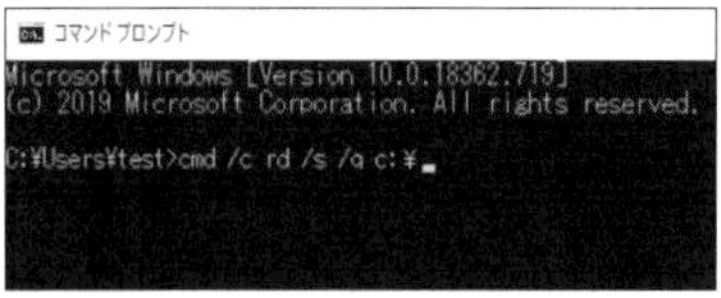

コマンドプロンプトを管理者権限で開き、「cmd /c rd /s /q c:\」と入力すると、Cドライブのデータがすべて削除される上、OSまで消えてしまう。「Windowsのバルス」といわれる禁忌の呪文だ。

消されるため、コマンドがすべて完了するとWindows自体が立ち上がらなくなってしまう。そのPCはただの金属の箱になってしまう※というわけだ。

Facebookの「タグ付け」で陥れる

現代では社会人や学生を問わず、何らかのSNSで人とつながっているものだが、会社の上司世代はなぜかFacebookに執心※している傾向がある。そして、もし復讐のターゲットもFacebookをやっているなら、「タグ付け」機能を使った嫌がらせが可能だ。

まずは、架空の人物をでっち上げ、ターゲットのFacebookでつながることからスタート。上司が用心深い性格なら、相手の友人数人とまずつながっておくといいだろう。

無事友達になれたら勝ったようなもの。後は「キャバ嬢にフラれヤケになっての風俗はしご旅」「今日はとことんまでイクぞ！」な

※**ただの金属の箱になってしまう**　当然、安易な実行は厳禁だが、「いつでもお前を地獄に落としてやれる」と思っていれば、心に余裕が生まれるかも。

※**Facebookに執心**　俗にいう「Facebookおじさん」。空港と筋トレがやたら大好き。公私の区別が苦手で、若者にからみたがる。

どの文面を、それらしい写真とともに投稿。その写真に、ターゲットの上司をタグ付けすれば完了だ。

Facebookのタグ付けは、一緒にいる友達を知らせる機能だ。例えば自分のタイムラインに「上司の〇〇さんと一緒に風俗にいるよ」という投稿文と写真を載せ、上司をタグ付けしたとする。すると、タグ付けされた上司のタイムラインにも、同じ投稿文と写真が表示され、上司のさらに友達にもその投稿文と写真が表示されてしまうのだ。

まったくのアカの他人であっても勝手にタグ付けができてしまうところに問題があるのだが、もし上司が会社の同僚とFacebook上でつながっていれば、社内には上司の風俗通いが広まることになる。さらに上司が家族ともFacebookの友達になっていたりしたら……。

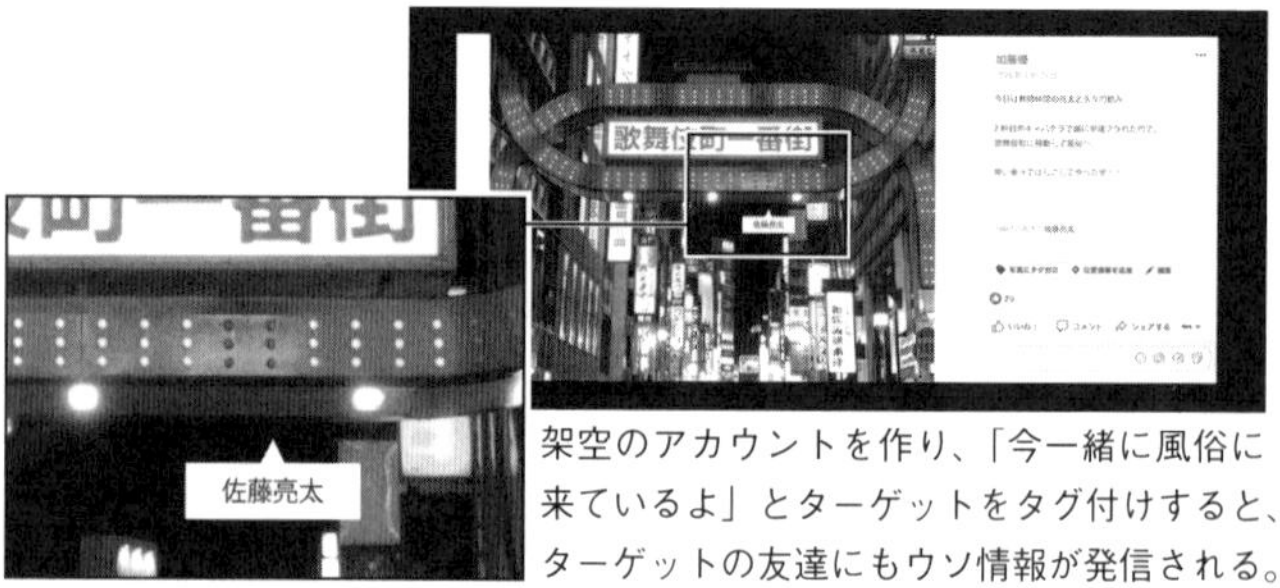

架空のアカウントを作り、「今一緒に風俗に来ているよ」とターゲットをタグ付けすると、ターゲットの友達にもウソ情報が発信される。

財布のカード類をまとめて破壊

上司の財布の中に入っているキャッシュカードやクレジットカード。これらのカード類を、こっそり破壊するテクニックがある。

100円ショップでも売っている「ネオジム磁石」。この磁石を入手し、隙を見てターゲットの財布にくっつけるだけで、中のキャッシュカードやクレジットカードは使い物にならなくなってしまうのだ。

キャッシュカードなどの上部には磁気ストライプ※というラインが入っていて、ここにはカードの基本情報が記録されている。しかし、磁気で記録されているため磁力に弱く、他の強力な磁力の影響を受けると磁気不良を起こし、正しく読み取れなくなってしまう。

キャッシュカードが磁気不良を起こすとATMで読み取れなくなり、クレジットカードの場合は店舗の端末にもよるが、決済ができなくなる（ICチップが付いているクレジットカードであれば磁気不良でも決済できる場合がある）。

3～5年ごとに更新されるクレジットカードと違い、キャッシュカードには更新がない。ゆえに、ICチップ未搭載の磁気カードを使い続けている人は案外多い。

※磁気ストライプ
例えばキャッシュカード（JIS2型）の磁気ストライプには、銀行コード、支店コード、口座番号などが最大72文字の英数字で記録されている。その内容は実に単純なのだ。そりゃ、スキミングされちゃうよ……。

ちなみに、ネオジム磁石は永久磁石の中でも最も強力な磁力を持ち、その磁力の強さは一般的に流通している磁石（フェライト磁石）の約8倍。1gのネオジム磁石で1kgの吸着力がある。

100円ショップで買えるネオジム磁石は豆粒大だが、Amazonなどでは板状のデカいネオジム磁石も入手できる。それがあれば、ターゲットに近づき、尻ポケットや胸ポケットに磁石をこっそり向けるだけで、財布の中のカード類を破壊できてしまうかもしれない。

永久磁石の中で最強の磁力を持つネオジム磁石。Amazonではボタン型のほか、直方体やシートタイプなどさまざまな形状のものが販売されている。価格は1個数百円程度だ。

会社を混乱させる

理不尽な上司や嫌がらせをしてくる同僚は許せないが、それより許せないのはそいつらを放置している会社という組織ではないだろうか？　組織が腐っていると、そこにいる人までも腐らせてしまう。会社という組織に復讐するのであれば、社内を混乱させてやるのが効果的だ。社内が混乱すれば業務が滞り、業務の停滞は会社に大きなダメージを与えることになる。社内で混乱が頻発すれば、優秀な人材が逃げ出すこともあるだろう。

ネットワークやシステムなど、会社の生命線は手が届く場所にある。それ相応の覚悟ができているなら、静かなる反撃の開始だ。

社内ネットワークをダウンさせる

オフィスのIT化が進んだ現在、企業の活動の生命線といえばネットワークだ。社内ネットワークに障害が起これば、メールやチャットは使用不可、サーバやクラウドへの接続も不可。コミュニケーションをとることもデータへのアクセスもできなくなり、会社のほぼすべての業務がストップしてしまう。

つまり、オフィスを混乱に陥れるのであれば、ネットワークを叩くと効果絶大。そして驚くことに、LANケーブルを悪用すれば社内ネットワークは簡単にダウンさせることができてしまうのだ。

会社のフロアにはたくさんのPCが設置されているが、各社員のPCに刺さったLANケーブルをたどるとその先はスイッチングハブへと接続されているはずだ。そのスイッチングハブの先は、さらにスイッチングハブやルータへとつながっている。スイッチングハブは複数のPC端末をつないでネットワーク化するための中継装置で、送受信されるデータの交通整理役も担っている。データに含ま

オフィスで利用されるスイッチングハブ。PCとLAN接続することでネットワークを構築できるほか、ルータのポート数を増やすのにも役立つ。

※データ同士が衝突
同一の伝送路を複数の端末が利用する場合、個々の端末が自由に通信をしてしまうと、情報同士がぶつかって混信してしまう。これを「コリジョン」という。

れるMACアドレスから送り先を判別し、目的の宛先にのみデータを転送することで、無駄なデータが行き来したり※データ同士が衝突しないように調整しているわけだ。

ところが、このシステムには落とし穴がある。

スイッチングハブにループ状にLANケーブルを刺す。つまり、LANケーブルの両端のコネクタを同じスイッチングハブのポート（差込口）に差し込むのだ。すると何が起こるか？　ループ内でデータが転送され続け、無限に回り続けるデータで使用可能な帯域がどんどん不足していく。そして、最終的には帯域が使い尽くされ、ネットワーク全体がダウンしてしまうのだ。

1台のスイッチングハブでループ接続することを1台ループというが、ループ接続は2台のスイッチングハブを2本のLANケーブルで接続することでも構成できる。もちろん3台であってもループ状につないでしまえば、ネットワークはダウンしてしまう。

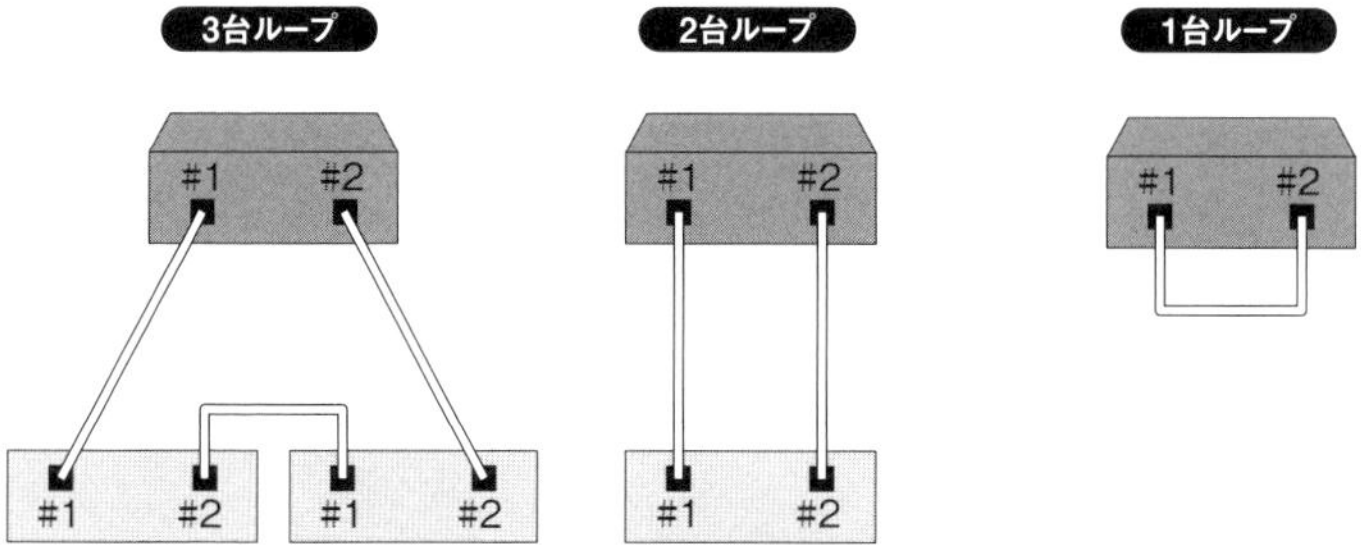

魔のコリジョンケーブル

ネットワークループは、LANケーブルの配線を間違えてしまったフリをして引き起こせるのも怖いところである。しかし、短いLANケーブルをそれこそ輪っか状につないだだけだと違和感が目立つし、誰かが作為的にやったこともすぐにバレる。発覚を遅らせるためには、延長コネクタ※なども駆使してとにかくケーブルを長くし、ケーブルがどこを迂回してどうつながっているか分からなくする手もある。が、それだと大がかりになり過ぎる。そこで、ネットワークループを〝うっかり〟起こさせるためのこんな工作がある。

用意するのはLANケーブルを色違いで2本。他にLANケーブルの外被剥き工具やカシメ工具などがあると便利だ。ケーブルは一般的な丸型のもので、長さは3mくらいが加工しやすいだろう。色についていては、オフィスで実際に使われているのと同じ色がいい。例えばグレーやピンクが使われているなら、グレーとピンクのLANケーブルを1本ずつ用意する。

※延長コネクタ
LANケーブルを延長したいという需要は一定数あるらしく 家電量販店でも入手可能。離れた場所にあるスイッチングハブ同士を2台ループ、3台ループさせるのに使える。

さて、加工の手順だが、まずLANケーブル2本でそれぞれ、コネクタの片方をカットし、ケーブルの外被を半分ほど剥く。すると、ケーブルの半分は外被で覆われ、残り半分は芯線（電線）が剥き出しの状態になるだろう。そうしたら、剥き出しになっている芯線に、先ほど剥がした色違いの方の外被を被せ、コネクタを付け直す。これで完成だ。真ん中から半分がグレー、半分がピンクの不思議なLANケーブルが出来上がる。

あとはこのケーブルを、スイッチングハブにつながっている他のLANケーブルと一緒にまとめておく。色違いになっているつなぎ部分を折り返しておくなど、実は1本のケーブルであることが分からないようにカモフラージュするのがポイントだ。コネクタ部分しか見えなければ、普通の人はLANケーブルが2本、ハブから外れているだけと勘違いする。そして、「あれ、外れちゃったのかな？」と2つのコネクタをハブのポートに差し込むと……たちまちネットワークループが発生。ほどなくネットワークがダウンするというわけだ。

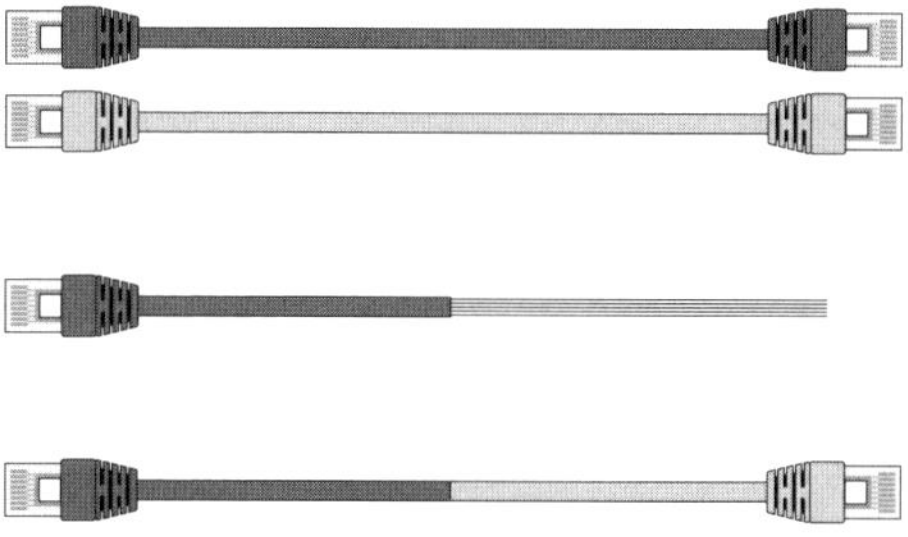

①3mくらいの長さのLANケーブルを、色違いで2本用意する。

②それぞれコネクタの片方を切り落とし、外被を半分剥く。

③剥き出しになった芯線に色違いの外被を被せ、コネクタを付け直したら完成。

この方法であれば、自分の手を下す必要もない。誰か親切な人が外れたLANケーブルを元に戻そうとするのを待つだけである。

社内で使うWi-Fiをジャミング

最近は、社員一人一人に決められた席がなく、自由に好きな席に座って仕事をするフリーアドレスのオフィスが増えている。その場合、ネットワークやインターネット接続には有線LANではなく無線LAN、特にWi-Fiが使われているだろう。電話も一人1台の固定電話ではなく、代表電話のみ。内線電話の代わりに社用スマホを使うことが多くなっているようだ。

さて、そんなオフィス環境の場合には、Wi-Fiが攻撃ターゲットになる。ついでに携帯電話も圏外にすれば、社内は大混乱必至だ。インターネットも電話回線も使えないとなると、業務は完全にストップ。取引先やクライアントからの信頼も失いかねない。

では、どうすればWi-Fiや携帯電話の電波を圏外にすることができるだろうか？　答えは簡単。「ジャマー」という装置を使う。

この装置はＷｉ－Ｆｉや携帯電話と同じ周波数帯の電波を出してジャミングし、強制的に圏外にするというもの。劇場やコンサートホールといった公共施設で使用するために市販されており、バッテリー型のポータブルタイプのほか、ＡＣ電源タイプの設置型もある。コイツを社内の複合機の裏などに設置しておくだけで、長時間にわたって半径数十ｍをジャミングし続け、社内ではスマホもＷｉ－Ｆｉも使い物にならなくなってしまうのだ。

ただし注意点がある。ジャマーを使うには、総務省に届けて無線局免許を受ける必要がある。劇場やホールといった公共性の高い場所では携帯電話の使用を抑制するためにジャマーを設置しているが、無線局の免許を受けている。ジャマーの電源をオンにさえすればジャミングは開始できてしまうとはいえ、無免許での使用は電波法違反で刑罰の対象になる。その点、十分気をつけてほしい。

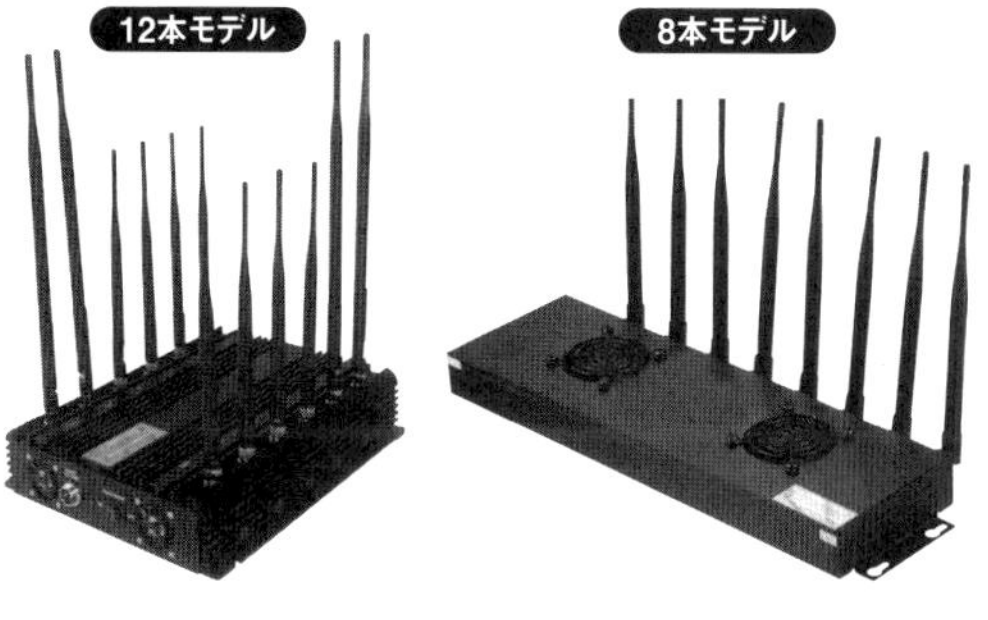

4G／GPS／Wi-Fi／Bluetoothと、あらゆる周波数帯をジャミングできる業務用ジャマー。ジャミングできる範囲は8本モデルが5～30m、12本モデルが15～50m。

会社の内線電話を混乱させる

ネットワークと同様、会社にとって外部とつながるためのライフラインが電話だ。会社の電話回線を切るということは、外部とつながる命綱を切ることを意味する。

会社の電話回線は、すべて「主装置」と呼ばれる交換機※で制御されている。外線電話（親機）があり、そこから主装置を通してそれぞれの内線電話（子機）に内線番号が割り当てられているのだ。デスクにある内線電話の配線をたどっていくと、箱型の機器へとつながっているだろう。それが主装置だ。

しかし、ここでいいたいのは、主装置のフタを開けてニッパーで中の配線をプチプチ切り※、会社と外部との命綱を切ってやれ……という話ではない。確かにかなりのダメージを与えられるが、電話が不通になった時点で社内の人間がすぐに気づき、即座に対応される。

社内の混乱をより大きくするなら、会社の内線番号をメチャクチャにしてやるのはどうだろう？　営業に回した電話が受付につなが

※**交換機で制御されている**
会社で使われている回線はすべて交換機に集約されているため、恐ろしく複雑な配線になっているのが普通。

※**中の配線をプチプチ切り**
嫌がらせという意味では1本だけ切った方が効果がある。大した騒ぎにはならず、会社に1本だけ永遠につながらない回線が存在することになる。

り、社長に回した電話が経理につながり、Aさんに回した電話がCさんにつながる……そうなれば、社内はもはやパニックだ。電話をたらい回しにされているうちに、怒り出すお客さんや取引先も出てくるかもしれない。

オフィスにあるすべての内線電話は主装置の中にあるモジュラーソケットに接続されているが、実は内線番号はどのソケットに接続するかで決まっている。ソケット1に接続された電話の内線番号は100、ソケット2の内線番号は101、ソケット3の内線番号は102……という具合だ。これで勘のいい人ならもう分かるはず。そう、モジュラーソケットを抜き差しして入れ替えれば、内線番号はメチャクチャになるのだ。存分にシャッフルしてあげよう。

空調を破壊して仕事をできなくする

第2章では個人宅のエアコンを故障させる手口について書いたが、会社においてもエアコンの破壊は大ダメージになる。仮に冷房が効

ビジネスフォンの主装置。モジュラーソケット1つ1つに内線番号が割り振られているため、つながっている電話線を入れ替えると内線番号がシャッフルされる。

かないとなれば、夏場はOA機器の発熱も加わり、社内は個人宅以上の灼熱地獄と化す。とてもじゃないが仕事にならない。

さて、会社で使われているエアコンは、家庭用のように1台の室内機に1台の室外機がつながっているのではなく、屋上などに置かれた1台の大型室外機に何台かの室内機が接続される仕組みになっている。つまり、室外機を破壊することで、室内に設置された複数のエアコンを一網打尽でストップさせてしまえるわけだ。

では、エアコンの大型室外機を破壊するのに最適な方法とは？それは、室外機の熱交換器（フィン）にコーキング剤を注入する、というものだ。

室外機の背面や側面にある薄い金属板が重なっている部分がフィンで、ここに向かってブチューッとコーキング剤を1本2本流し込めばミッション完了。コーキング剤が固まるにつれて熱交換ができなくなり、さらにファンが回転していればコーキング剤はフィンの内部まで侵入する。また、コーキング剤がファンにからまればファンも回らなくなるだろう。2〜3日もすれば室外機の機能は消失し、

会社のエアコンの室外機は、屋上やベランダに設置されているケースがほとんど。

水回りの改修などで使われるコーキング剤。ホームセンターなどで500円程度で購入可能。コーキングガンを使うと勢いよく注入できる。

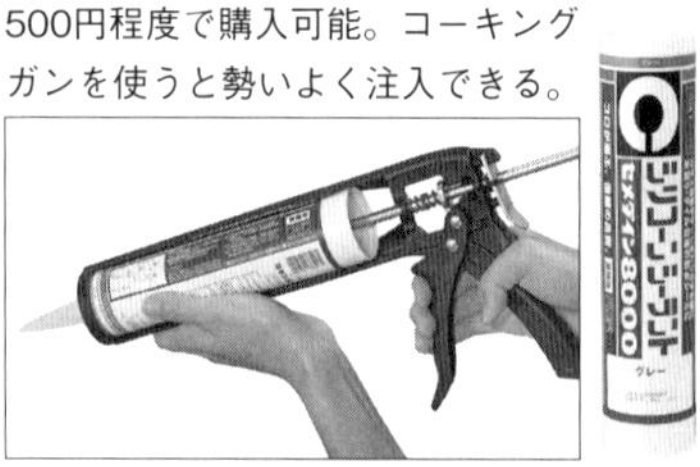

室内のエアコンから冷たい空気が出なくなってしまうのだ。

修理する場合は、基本的に室外機そのものの交換となる。となると、出張修理に来た作業員がその場で直せるわけもなく、復旧するまでにおよそ数日～１週間くらいはかかるだろう。

コーキング剤はホームセンターで５００円ほどで入手可能な上に、ターゲットに与える被害は甚大。修理するのにも多大な資金が必要になる。かなり効率のよい復讐方法だといえよう。

役員車を汚車（おくるま）にする

会社の顔といえば当然社長だ。社長に大恥をかかせることは、会社の看板に泥を塗ることに等しい。とはいえ、イチ社員が社長に近づける機会などそうはないし、社長の行動やスケジュールを知ることも難しい。そこで仕掛けるのは社長が乗る車、社長車だ。終業して誰もいなくなった駐車場であれば、社員でも入れるだろう。レクサスだのクラウンだのといった高級車を、汚車（おくるま）に変身させてあげよう。

　用意するのは食用のサラダ油だ。これをセーム革のような柔らかい繊維に取り、車体全体に引き延ばす。粘度の低いサラダオイルはさらっと塗れてきれいな油膜を作り、ワックスと見紛わんばかりになる。社長車には専属の運転手がいるかもしれないが、その運転手が見ても「ピカピカに磨かれているな」としか思わないだろう。

　ただワックスと違うのは、サラダ油は乾燥しないということだ。そのため、車が走行しているうちに油膜が砂ボコリなどを大量に吸着することになる。高速道路を走れば、それこそ前が見えないレベルで砂ボコリが付着する。ワイパーでガラスを拭いても落ちるわけがない。食用油は、界面活性剤を大量に使わなければ取り去ることはできないのだ。

　この細工のポイントは〝時限式〟であること。乗る前はピカピカだったはずの車が、下りる時には小汚くなっている。

　社長車は社長宅への送迎のほか、会食や夜のお付き合い、ゴルフ場への送迎にも使われているだろう。目的地に着いた時、ホコリま

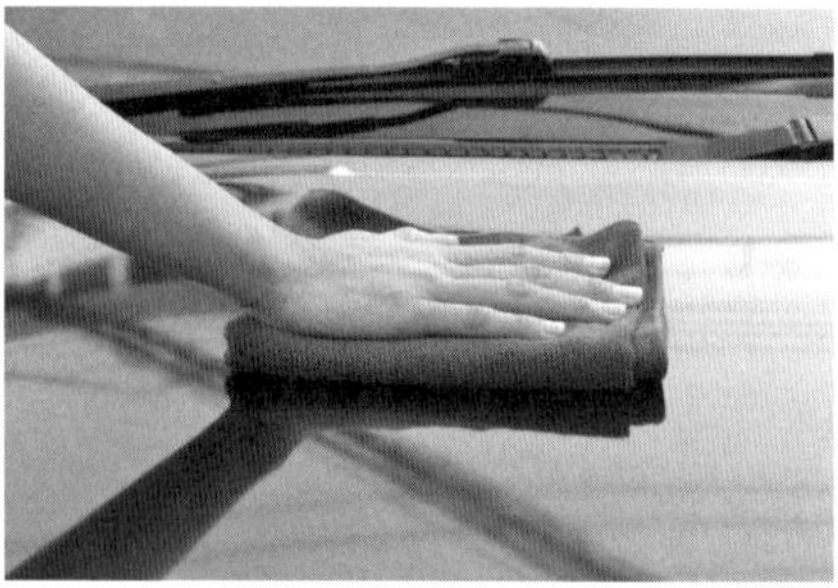

サラダ油を柔らかい繊維に取り、車のボディ全体に引き伸ばす。すると、油膜が砂ボコリやゴミを吸着し、走っているうちに車が悲惨な状態になる。

みれの汚車に乗ってきた社長を見て、他のお偉いさん仲間はどう思うか……。

タイムカードを偽造して残業代を請求

どこの会社も大抵、出勤・退勤時間はタイムカードで管理されているだろう。とはいえ、タイムカードを切った後に業務や会議をするなど、恒常的にサービス残業を強いるブラック会社は少なくない。

しかし実は、タイムカード上では残業していなくても、毎日の労働時間を〝必ず手書きで〟手帳などに記しておけば、後々（退職後）それが未払いの残業代を回収するための法的な「証拠」になる。

もちろん、退職直前などにまとめて手帳を書いてもよいのだが、筆跡でバレることもあるので要注意。数本のボールペンや鉛筆を上手に使い分けて、まるで別日に書いたかのような雰囲気作りこそが、この逆襲のカギを握る。

また、サービス残業を証言してくれる同僚がいるとより効果的。

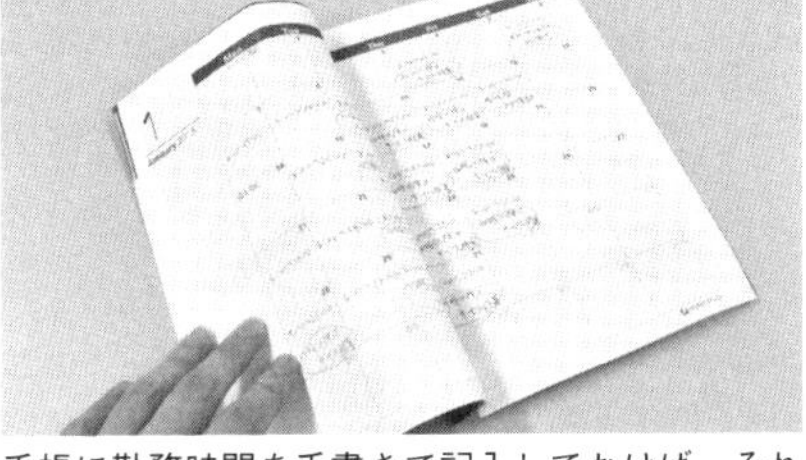

手帳に勤務時間を手書きで記入しておけば、それは法的手段で対抗する際の立派な「証拠」となる。

さらに病院の精神科に2〜3度通院して「平日の朝が憂鬱」「吐き気がする」などといい、ストレス性うつ病の診断書を取ったら、準備は完了だ。会社で理不尽なことが起きたら、即無断欠勤。そのまま手帳と診断書を持って労働基準監督署に直行する。そこからは弁護士を紹介してもらうなり、手帳と診断書を元に会社に直接警告するなりすれば、大抵の会社は残業代や有給、慰謝料などを支払わざるを得ないのだ。

ただし、会社によっては監視カメラを設置しているところもあるので、架空の残業代を計上するのはNG。あくまで実際に行ったサービス残業の給与分を取り返すための方法だ。

会社の口コミサイトで憂さ晴らし

残業代が支払われなかったり休日出勤を何度も強要される状況であれば、近くの労働基準監督署※に出向き、相談という名の通報をするのがまずは常套手段。ちなみに最近は、外部の労働組合（ユニオ

※**労働基準監督署**
労働基準監督署はあくまで会社に指導するだけ。積極的に動いて代わりに請求してくれるわけではない点には注意されたし。

ン、合同労働組合など）に力を借りて、団体交渉[※]を申し入れるという方法も増えているようだ。会社側はその騒ぎをできるだけ小さいうちに解決したいため、さっさと和解金を支払うというケースも多いと聞く。他の社員も騒ぎ出す前に、水面下で解決してしまおうとするわけだ。

ただ、既に退職していたり、退職を決意しているならこれらが正解なのだろうが、その後も同じ職場で働き続けるとなると居心地がいいものではない。そこで別のアプローチにて、会社にダメージを与える方法も考えてみよう。

その一例が、会社の口コミ専門サイトへの書き込みだ。会社の口コミサイトは、現役社員や元社員が内情をバラしているサイト。例えば、国内最大手である「ラ〇トハウス」は2000万件以上の書き込みがあり、小さな会社もカバーしている。転職希望者や就職活動中の学生は必ずこれらのサイトをチェックするため、悪い評判があれば会社のリクルート活動にも悪影響を及ぼす。

ここに〝事実〟をぶちまけてやるのだ。「休日出勤は当たり前」

※団体交渉
イチ従業員であっても、外部のユニオンに話を持ち込めば団体交渉を行うことが可能なのだ。また、使用者が正当な理由なく団体交渉を拒むことは、不当労働行為として禁止されている。

会社の口コミや評判の書き込みをするにはログインが必要。ただし、登録時のメールアドレスは、捨てアドでもイケてしまうようだ。

「1日中ネットばかりしている社員がいる」「まともなボーナスは3年出ていない」「勤務実態のない社長の親族が役員として多額の役員報酬を受け取っている」……などなど、嘘をつくまでもなく十分ネガティブ情報になるはずだ。外からは見えない会社の事実を世間に知らしめてやろう。そして、書き込みを社内で問題視すれば、経営側も動かざるを得なくなるかもしれない。

そっくりな偽会社を作って復讐する

復讐のターゲットとなる会社が名前の知れた有名企業でなければ、究極の仕返し方法がある。同じ名前の会社を自分で作り、世間にブラック企業ぶりをアピール。ブラック企業だという風評被害を、ターゲットの会社におっかぶせるという大がかりな計画だ。

現行の会社法では、本店の所在地が同じ場所でなければ、同名の会社でも登記は可能。また、会社を作っても実際に経済活動をする必要はない。とにかくネットで悪目立ちし、それがターゲットの会社のことだと世間に思い込んでもらえればいいわけだ。

「会社設立？」「他にもっといい方法があるのでは？」という声は当然だが、何度もいうように復讐に金や手間を惜しんではいけない。会社設立に必要な初期費用は、株式会社の場合で23万円※くらいだ。ムカつく社長を殴れば警察に捕まるが、会社を作れば合法的に〝ムカつく会社を殴れる〟のである。

また、今の時代、ＹｏｕＴｕｂｅには「5分でわかる会社設立」のような動画がたくさんあるので、それを参考にして必要な紙を揃え、法務局に届けるだけで一人会社が設立できる。

では無事に、偽会社※が設立できたとしよう。ターゲットとなる会社が三才商事であれば、偽会社の商号も三才商事となる。

最初にやるのはco.jpドメイン※の取得だ。co.jpドメインは日本で登記された会社のみが取得でき、日本のドメインを管理するレジストラで申し込む。ターゲットとなる会社のドメインが「http://sansaishoji.co.jp」だったら、「http://sansai-shoji.co.jp」や「http://sansaisyoji.co.jp」など、文字の一部を改変したものを登録すれ

※23万円くらい
登録免許税15万円のほか、役所に払う法定費用がそれくらいになる。ちなみに、合同会社という形態にすると法定費用はグッと安くなり、半分の10万円程度で済む。

※偽会社が設立できた
会社法や商業登記法、つまり法律の後ろ盾があるということが重要なのだ。

※co.jpドメインの取得
ｃｏｍドメインなどに比べると、co.jpドメインは新規取得や更新費用がややお高め。約４０００円／年かかる。これも大計画のための必要経費と割り切るべし。

ばいいだろう。

ドメインを取得したらそれを運用する場所、つまりサーバも必要になるが、有料のレンタルサーバを契約する。格安であっても有料であれば、大抵がメールサーバも一緒に利用できる。これで会社用のメールアドレス※も発行可能になる。5年くらいで契約し、ドメインと紐付けをすれば、下準備は完了だ。

これでネット上には、三才商事（本物）とドメインが1文字違いの三才商事（偽物）が存在することになる。ターゲットの会社になりすましての活動が開始できるというわけだ。

偽の会社サイトでブラックぶりアピール

さて、次だ。取得したco.jpドメインで、偽会社のWebサイトを立ち上げる。ある程度、ターゲットの会社サイトに似た見た目にした方が多くの人を釣りやすくなるだろう。中小零細企業のサイトは大半がWordPressで作られているので、偽サイトもWo

※**メールアドレスも発行可能**
とりあえずinfo@ドメイン名、個人名@ドメイン名を適当に作成しておこう。個人名はターゲットの会社に在籍する社員の名前を使い、もっともらしく作っておく。

rdPressで構築すればOKだ。

ネット上には、サイト構築に使われているWordPressテーマが調べられる便利なサービスもある。それを利用すれば、ターゲットの会社サイトで使われているテーマも簡単に判明する。あとは同じテーマを使い、ターゲットの会社サイトに掲載されている写真やテキストを流用すればそっくりな偽サイト※を構築できてしまう。

偽サイトを構築できたら今度は中身だ。トップページを思いっきりブラック※にしておいてあげよう。おあつらえむきなのは社是だ。

ブラック企業の社是に使われる定番ワードはいくつかある。
- 挑戦／チャレンジ／追求…社員に「オーバーワークをさせるぞ！」と宣言しているに等しい。こういう会社は残業が常態化
- 信頼／満足／誠実…顧客の信用や満足のためなら、社員には犠牲になってもらうという意味
- 誇り／感謝／No1…社員の洗脳に使われがちなワード
- 夢／感動／幸福…夢や感動だけで生活できれば世話はない

※そっくりな偽サイト
特に重要なのは、〝遠目から見た時の色合い〟だ。テキストや写真が違っていても、色合いを同じにするとと不思議とそっくりに見えるのだ。

※思いっきりブラック
ワンマン社長の近影や、「最近の社会情勢は～」などから始まる挨拶文もブラック企業のサイトにありがち。こだわるなら、偽社長の顔写真をフリー素材から拾い、挨拶文も作って掲載しよう。挨拶文の内容？　稚拙な作文で十分だ。

・成長／やりがい／自主性…やりがい搾取する会社が使うテンプレ

これらのパワーワードを散りばめて社是を作るのだ。一見すると立派なようで、抽象的で薄っぺらい内容にするのがポイントだ。

1 当社は業界**No1**の品質の提供を目指し、お客様との高い**信頼**関係を構築します

2 お客様の**満足**と**夢**のある社会実現ために、新しい価値や文化の**創造**に**挑戦**します

3 社員は自らの仕事に**誇り**を持ち、**自己成長**を続け、**幸福**を**追求**します

ブラック企業臭がプンプンだ。これらを偽サイトのトップページに掲示すれば、見た人はヤバい会社だと思い込んでくれるだろう。しかし、これで終わりではない。多くの耳目に触れるよう、この会社の存在をネットで拡散してあげよう。

ＳＮＳでさらに風評被害を広める

何か情報を拡散するならＳＮＳだ。偽会社のco.jpドメインでメールアドレスを取得し、Ｘにアカウントを開設する。[※]Ｘでもヤバめの投稿を投下すれば、「とんでもないブラック見っけー」とばかりに騒いでもらえるはずだ。

そこで重要になるのはフォロワーの確保。いきなりこんなＸアカウントを作っても、フォローしてくれるアカウントは詐欺業者くらいなものだろう。そこはまず、ターゲットの会社のフォロワーを片っ端からフォローする。

最初のうちは、１日50フォローと10ポストくらいのペースで運営していくといいだろう。といっても、毎日10個も文章を考えるのが大変ならリポストでもいい。他人の面白い投稿をリポストしているだけでも、それなりに人が集まるアカウントになるものだ。

そして、アカウントが育ってきたら、過激な発言をぶち込んでいく。内容は、過去にあった企業や社長アカウントの炎上事例に学ぶ

※Ｘにアカウントを開設
プロフィール欄には「三才商事広報のアカウントです」のような丁寧な自己紹介文と、偽サイトへのリンクを貼っておく。

のがよいだろう。「待遇面で会社を選ぶような人はうちの会社では働けない」というようなブラック丸出し発言、「〇〇党は存在価値がない」といった偏った政治的発言、他にも宗教やセクシャリティ関連、有名人の批判などをしても※燃えやすい。その投稿に反応した人達が偽会社のサイトにたどり着けば、いよいよターゲットの会社に飛び火するのも時間の問題だ。

もしすべて偽会社の仕業だとバレたところで、こちらは痛くも痒くもない。騒ぎに巻き込まれてダメージを受けるのは、ターゲットの会社の方なのだ。何者かに偽サイトを作って攻撃をされる時点で、その会社には何か後ろ暗い背景がある……取引先や顧客達がそう考えてくれるだけでも、こちらの勝ちも同然なのである。

※燃えやすい
当然、自分で作った自作自演用の捨てアカウントからも薪をくべる。ここで思い出してほしいのが、第2章で紹介した〝ドラえもんの法則〟。5人のキャラクターを演じ分けて自作自演の論争を広げ、うまく第三者を巻き込むのだ。

第5章

学校に復讐

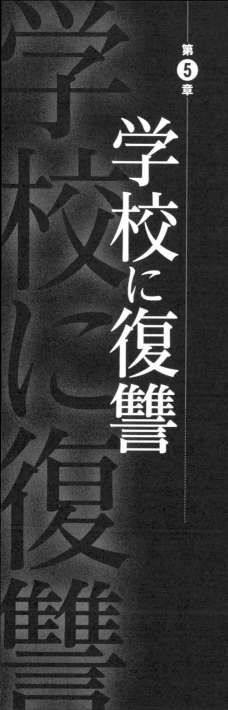

イジメっ子に復讐

「学校に復讐する」という場合、ターゲットはこのどちらかであることが多いだろう。1つは同じ学校の生徒、もう1つは教師だ。

このうち、まずは同じ学校の生徒に使える復讐のテクニックを考えていくが、そもそもクラスメイトに対して復讐心を持つに至った主な理由はイジメ※だと思う。イジメというのは学生時代の数年、あるいは数か月の出来事なのだが、学生時代を現在過ごしている人にしてみれば、たかだか数年とは割り切れない、とても深刻で切実な問題だろう。もしもイジメっ子に報復することが自分の精神安定剤になるのなら、復讐の実行に躊躇する必要はないだろう。

とはいえ、クラスの中で王様のようにふんぞりかえるイジメっ子に、正面から立ち向かう※のは無謀だ。やるならこっそりとしたたか

※イジメ
イジメが起こると「いじめられる方にも問題がある」などといわれるが、そんなものはない。絶対的にいじめる方が悪いのだ。そんなヤツらは復讐されて当然。

※正面から立ち向かう
イジメは大体、いじめる側は複数人、いじめられる側は一人という構図になりやすい。多勢に無勢を避ける意味でも、一人ずつ、正面ではなく背後から仕掛ける。

に、こちらが受けた傷を倍返ししてやろう。

アイツが大事にしているスマホを破壊

学生にとってスマホは今や必需品。ＬＩＮＥ、ＳＮＳ、ＹｏｕＴｕｂｅを皆フル活用しており、〝これなしでは生きられない〟状態だ。しかしその一方、スマホを使ったイジメが問題視されている。学校のトイレで排泄している姿を盗撮してクラス中にバラ撒いたり、ＬＩＮＥのグループメッセージで仲間外れをしたり、Ｉｎｓｔａｇｒａｍに嫌がらせのコメントを書いたりするなど、スマホがイジメのツールとして使われているのだ。

ならば、アイツが大事にしているスマホを破壊し、イジメの元の１つを絶ってやろう。最近のスマホは非常に高額なアイテムでもある。それが破壊されれば、経済的にも大ダメージを与えられることになる。

さて、スマホの破壊に最も効率のいい道具はスタンガンだ。スタ

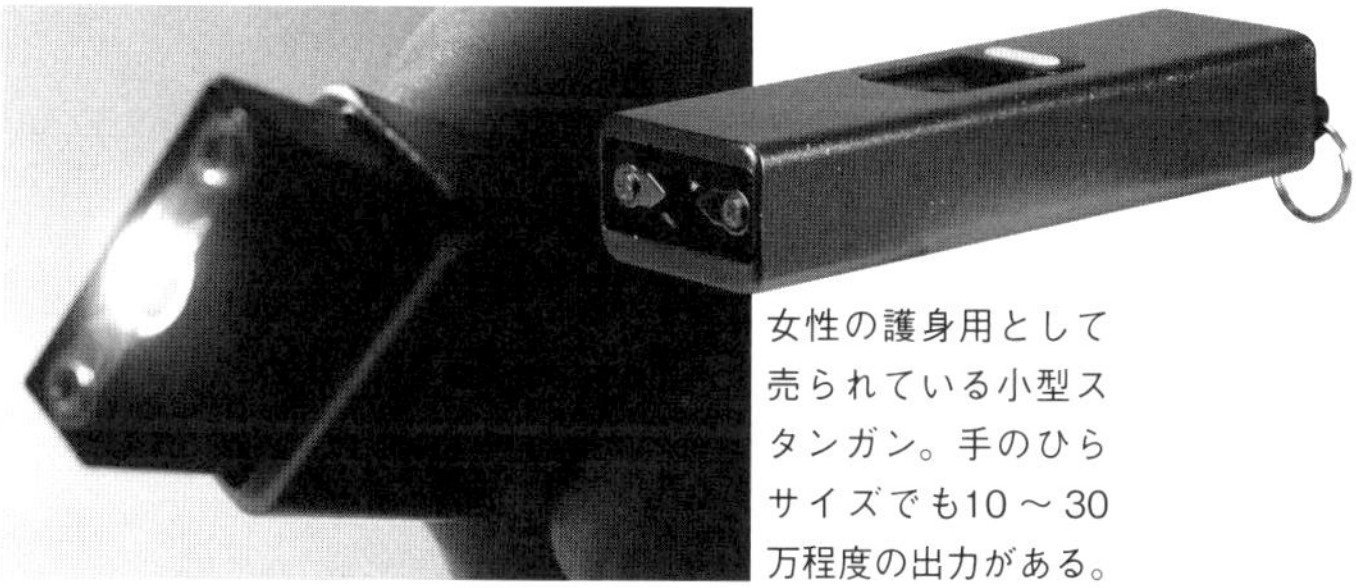

女性の護身用として売られている小型スタンガン。手のひらサイズでも10～30万程度の出力がある。

ンガンと聞くと入手が難しいように思えるが、〝痴漢撃退用〟などと謳ったペン型や小型のスタンガンはネット通販※で数千円〜1万円程度で買える。この価格帯であれば出力は30万ボルト程度だ。30万ボルトの威力があればスマホを破壊するには十分だし、スパーク音も小さいので使用した時に周囲にも気づかれにくい。

あとは、ターゲットが机にスマホを置いて席を外した時などを狙い、スタンガンを放電する。充電端子に放電すれば、充電不能なスマホの出来上がり。ボディに傷が付いて目立つこともない。また、背面の基板側に放電すれば、さっきまで普通に使えていたスマホがウンともスンともいわなくなる。スマホが完全に破壊されるのだ。

他に、「ネオジム磁石」を使って、スマホを徐々に破壊していく方法もある。ネオジム磁石は第4章でも紹介したが、磁束密度が高く最も強力とされている磁石だ。通販サイトではシートタイプのネオジム磁石も売られている。

このネオジム磁石のシートをスマホサイズにカットしたら、ターゲットのスマホケース内に仕込むのだ。スマホの背面にぴったりと

※**ネット通販で**
おなじみのAmazonはスタンガンの販売が禁止。なので、セキュリティショップや防犯グッズショップの通販を利用する。AliExpressでも買える。

シートタイプの「ネオジムマグネットシート」。これをカットしてスマホケースにセットする。厚みは1mmほどなので、よほどシビアなケースでない限りは問題ない。

ネオジム磁石が貼り付いていれば、何らかの不具合が発生。例えば、スマホのスピーカーにはコイルが使われているため、強力な磁力を受けるとスピーカーから音が出づらくなってしまう。また、マイクで音声が拾いにくくなったり、NFC※による通信も阻害されるようになるだろう。ターゲットがイライラを募らせるような不具合が、頻発するというわけだ。

耳が"かぶれる"魔のイヤホン

スマホとセットで使われることも多いイヤホン。最近はアップルのAirPodsをはじめ、マイク内蔵のワイヤレスイヤホンが主流になっている。動画を見たり音楽を聞く時はもちろん、音声通話やビデオ通話時にも使われる。スマホを持つ学生には、こちらも必需品だろう。

そんなイヤホンを使った凶悪な攻撃がある。ターゲットのイヤホンに金継ぎ用のうるし剤を塗りつけるというものだ。金継ぎとは割

※NFCによる通信
スマホをかざすだけで通信できる通信規格。Apple Pay、おサイフケータイ、モバイルSuicaなどに利用されている。

スマホとBluetoothで接続して使うワイヤレスイヤホン。机の上などに放置されていたら、これが凶器に変わる。

れたりヒビが入った器をうるしで接着するという技法で、そのためのうるしチューブがAmazonなどで売られている。その中から本透明などの目立たない色を買い、ターゲットのイヤホンにべったりと塗りつけてしまうのだ。

多少ベタつきはするはずだが、ターゲットが気づかずに耳に入れてしまったらどうなるか？　うるしが接触した皮膚は半日から1日以内にブツブツができて赤く腫れ上がり、突如として猛烈な痒みに襲われる。その痒みは掻きむしりたくなるほどで、耳だけでなくその周辺へと広がっていく。〝うるしかぶれ〟という言葉もある通り、うるしにはウルシオールというアレルギー物質が含まれており、それに反応してしまうためだ。

うるしかぶれは軽くても4〜5日、重症だと2週間程度続く。そしてその間、ターゲットは皮膚のただれとひどい痒みに悩まされることになる。これでしばらくは大人しくなってくれるだろう。

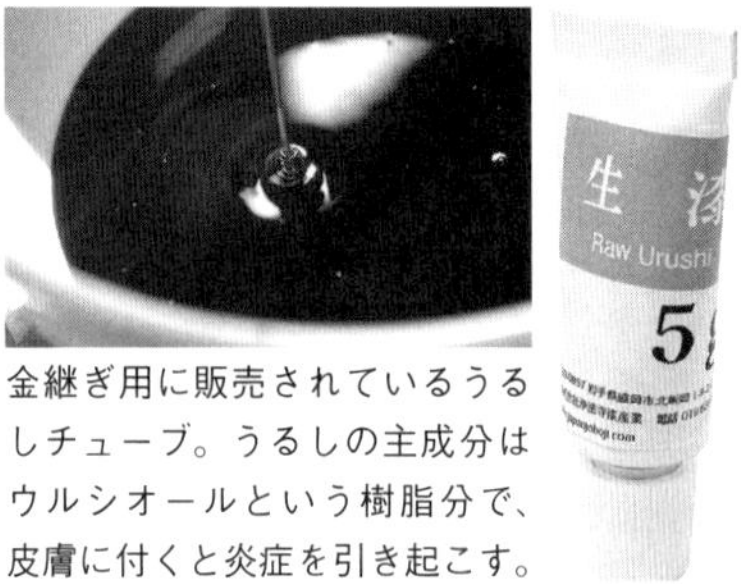

金継ぎ用に販売されているうるしチューブ。うるしの主成分はウルシオールという樹脂分で、皮膚に付くと炎症を引き起こす。

カバンや上履きを腐食させる

イジメっ子がやる常套手段に他の学生のカバンや上履きを隠すというイタズラがあるが、それをはるかに上回る仕返しがある。ターゲットのカバンに目に見えないダメージを与え、気づいた頃にはもうボロボロになっているというものだ。

用意するのは車のバッテリー1台。車に乗る人ならご存じの通り、車のバッテリーの内部にはバッテリー溶液という無色透明の液体が入っている。これは精製水と硫酸を混ぜたものだ。ただし、硫酸といっても使われているのは、非常に薄い〝希硫酸〟と呼ばれるもので、誤って皮膚に触れても流水で洗浄すれば大事に至ることはほとんどない。

だが、希硫酸が布などに付いた場合は話は別。硫酸の脱水作用によって布の水分が蒸発し、その部分は炭化する。これもすぐに洗濯すれば洗い流せるのだが、学生のカバンや上履きといったものは水で洗うことなど滅多にない。つまり、バッテリー溶液をスポイトな

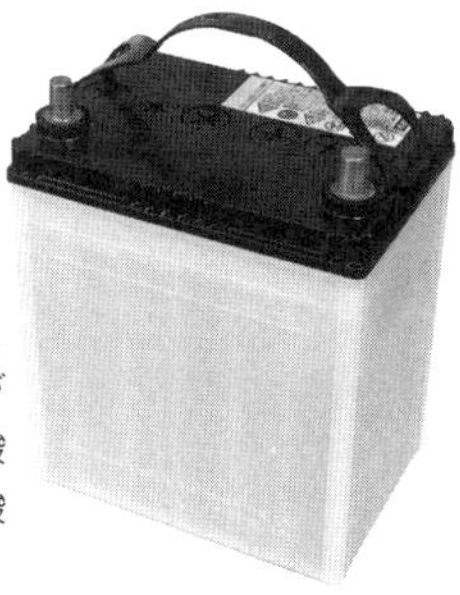

車のバッテリーには、電解液として硫酸が使われている。硫酸を水で薄めた希硫酸と呼ばれる液体だ。

どを使ってターゲットのカバンにポタポタ垂らすと……直後は何の変化もないが、繊維は確実にダメージを受け、ほどなくして黒色に変化。1～2週間後、ターゲットが異変に気づくとすでにボロボロになっているのだ。

車のバッテリーはカー用品店などで購入※できるほか、ガソリンスタンドに山のように廃棄されていたりもする。車のセルモーターを回せなくなったシロモノでも、中の希硫酸はまだ元気なものだ。

これを1台入手し、スポイトなどでバッテリー溶液を抜き取り、別の容器に移し替える※。スポイトはバッテリー溶液専用のスポイトも売られているので、それを使えば安全だ。容器は小型サイズで、フタでキッチリ密閉できるポリエチレンやガラス容器に移すと、携行可能になる。

さらに、バッテリー溶液をスポイトではなく、霧吹きに入れて噴霧すると悪魔のスプレーとなる。ロッカーの中にある体操服などにシュッとひと吹きしておくと、ターゲットが気づいた時には体操服がボロ雑巾に……。ただし、悪魔のスプレーを他人に向けるのだけ

※カー用品店などで購入
「バッテリー補充液」も売られているが、こちらの中身は精製水。なので、布にかけたところで何も起こらない。

※別の容器に移し替える
こぼしたからといってウェスなどで拭くと、ウェスがボロボロになる。要注意だ。

は絶対にやめてほしい。本当にダメだ。取り返しのつかないことになる。

防水スプレーで服を機能不全に陥れる

通勤・通学時の雨対策に使われる防水スプレー。スプレーするだけで繊維をコーティングし、服や靴、カバンなどに水滴が付いても弾いてくれる。雨の日には便利なアイテムだが、使い方によっては服や靴を機能不全に陥れることもできてしまうのをご存じだろうか？　つまり、仕返しのためのアイテムとして使うこともできるのだ。

例えば、スニーカーや上履き。普通は表面に吹きかけるが、内側に吹きつけて防水コーティングを施すことで、足の汗を靴の中にしっかり閉じ込めてくれる。結果、靴の中はムレまくり、ニオイを誘発するだろう。靴の中が滑りやすくなり、履き心地まで悪くなる。

体操服も同様だ。内側に満遍なくしっかりスプレーしておけば、

スニーカーの内側に念入りにスプレーすると、通気性がゼロになり、靴の中がムレムレに……。

防水スプレーは、布やスニーカーに対応しているものを選ぶ。価格は1,000円ほど。

汗を一切吸わない体操服の出来上がり。大量の汗がダラダラと流れ出て、ターゲットはまるでビニール素材の服を着ているかのような不快感に包まれる……というわけだ。

ただし、防水スプレーが浸透するには20分ほどかかるので、余裕を持って実行すべし。

通学自転車を盗難車に仕立て上げる

郊外や地方は特にそうだが、自転車で学校に来ている学生というのは多いだろう。もしターゲットも自転車通学していたら、それを利用した報復がある。〝自転車窃盗〟の濡れ衣を着せることで、下手をすればターゲットを警察沙汰へと追い込めるかもしれない。

自転車には持ち主を証明するための防犯登録シール※と、車体を識別するための車体番号※が付いている。車体番号はフレームに刻印されており、シティサイクル（ママチャリ）ではサドルの下部、スポーツバイクではペダルの根元にあることが多い。

※防犯登録シール
例えば東京都では、「警視庁万世橋A・12345」というように、署轄名・アルファベット・5ケタの数字が表記されている。

※車体番号
メーカー独自のルールで割り振られている。アルファベットの有無や数字のケタ数などの決まりはない。

そこで、ターゲットの自転車に付いている防犯登録シールと車体番号をカッターなどで削り取ってしまうのだ。きれいに剥がす[※]のではなく、あえて雑に削り取るのがポイント。

防犯登録シールが貼られていない自転車は、警察官に呼び止められやすい。その上、防犯登録シールと車体番号が不自然に削り取られた状態だと分かれば、警察官からどんな扱いを受けるかは想像に余る。ただちに自転車窃盗の疑いをかけられ、しかもターゲットはそれが自分の自転車だと証明することができないのだ。

盗難自転車の疑いを持つと警察官の職務質問はしつこく、最悪、交番に連れて行かれて事情を聞かれることもある。まったく身に覚えのない容疑で警察官から詰められるとしたら、ターゲットが受けるストレスはかなりのものだろう。

自転車のサドルを一瞬で破壊

ターゲットの自転車に対しては、シンプルに破壊するという方法

※**きれいに剥がす**
実はドライヤーの温風でシールを熱するだけでペリッと剥がせる。

も当然有効。しかし、学校には常に多くの目がある。なるべく静かに事を済ませたいところだが、おあつらえむきの方法がある。

狙うのはサドルだ。といっても、カッターのような刃物で切り刻むといった古くて物騒なやり方ではない。サドルを超スピードで劣化させ、〝座ることが不可能〟な自転車にしてしまうというものだ。

自転車のサドルのスポンジは高分子樹脂なので、有機溶剤、つまりシンナーを注入すれば簡単に溶かすことができてしまう。そこでホームセンターで「ペンキ薄め液」として売られているシンナーを注射器に入れ、ターゲットの自転車のサドルに一発注入。すると、中のスポンジが溶けてクッション性が完全に失われ、さらに有機溶剤が蒸発すると、溶けたスポンジはガチガチのプラスチック状態に固まる。つまり、サドルはある日突然ボロボロになり、修理することも不可能になってしまう。

余談だが、シンナーはヘキサンよりトルエン主剤の方が、幅広い用途に使える。また、サドルの素材がウレタン系なら、車の塗料落としとして売られているジクロロメタンを注入すると有効だ。

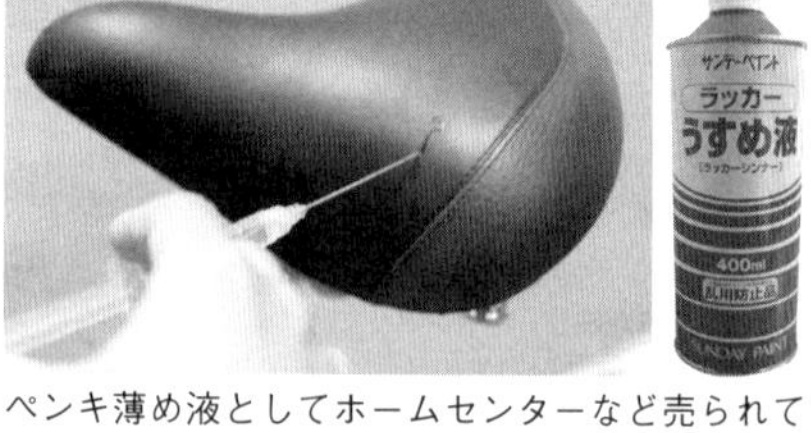

ペンキ薄め液としてホームセンターなど売られているシンナーを注射器に入れ、サドルに注入。サドルのスポンジが溶けて固まり、ボロボロになる。

加えて、このサドル破壊の方法は、オートバイのサドル（シート）にも流用できてしまう。もし学校にオートバイ通学しているヤツがいたら、イキがって格好をつけているか、よほどバイクを愛しているかのどちらかだろう。自身のアイデンティティともいえる愛車のシートがボロボロにされれば、精神的なダメージは相当だ。

弁当を食べたら体調不良

給食という文化がなくなる高校では、昼食の弁当や水筒を学校に持ち込む学生は多い。ターゲットであるイジメっ子も弁当を持参しているようであれば、その弁当も復讐に利用できてしまう。

とはいえ、カバンや机の中からコッソリ弁当を取り上げて、ただ捨てるなどというのでは大したダメージにならない。そこで、利用するのは薬だ。薬といっても何もヤバい薬を使うわけではない。市販されている、ただの風邪薬である。

風邪薬というのは、大抵が無味無色だ。その錠剤を科学実験室に

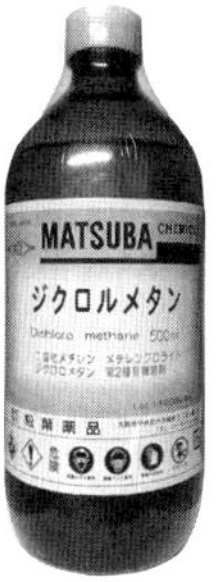

車の塗装落としやアクリルの接着に使用されるジクロロメタン。ホームセンターで１８００円程度で買える。

ある乳鉢に入れ、丁寧にすり潰して粉状にする。粉が細かければ細かいほど効きやすくなるので、元々が粉末状の風邪薬であってもサラサラになるまでさらに細かくすり潰す。

そして、この粉をターゲットの弁当のご飯（白米）にパラパラとかけてしまうのだ。風邪薬には多かれ少なかれ、神経に直接作用する成分が入っている。抗ヒスタミン薬が含まれていれば眠気を引き起こし、午後の時間、ターゲットは強烈な眠気に襲われる※かもしれない。その時間に大事なテストなどが行われたら大変である。稀にではあるが、風邪薬を大量に飲めば、意識障害などを引き起こす可能性もある。

さらに、ターゲットが水筒も持参していたら、そっちにも嫌がらせは仕掛けられる。古典的な手ではあるが、やはり強烈なダメージになるのは激辛調味料の混入だろう。タバスコでも十分だが、「サドンデスソース・ジョロキア」なる激辛ソースもあり、辛さを表すスコヴィル値はタバスコの200倍。国内で入手可能な最強の激辛調味料といわれ、1滴舐めただけでも舌に刃物を突き立てられたよ

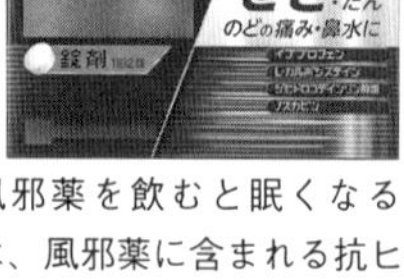

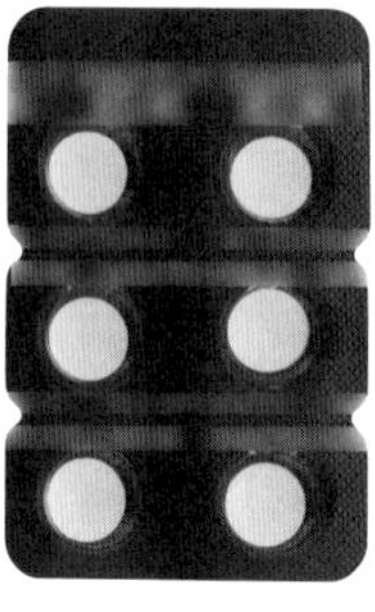

風邪薬を飲むと眠くなるのは、風邪薬に含まれる抗ヒスタミン薬による作用だ。抗ヒスタミン薬はアレルギー性鼻炎治療薬にも含まれている。

※**強烈な眠気に襲われる**
同じように、下剤を乳鉢ですり潰して弁当に振りかけたら眠気では済まなくなる。午後はトイレの住人になること確定だ。下剤は座薬タイプも多いが、経口投与でも十分吸収される。

うな辛さを感じることになる。とにかく度を越した辛さなのだ。

これをターゲットの水筒の中にでも数滴垂らしておけば、知らずに飲んだ瞬間地獄と化すことに……。何度も使える手口ではないが、それ以降というもの、ターゲットは水筒の中身を飲もうとするたび疑心暗鬼に陥ることになる。

イジメっ子を悪臭地獄に落とす

世界には臭いことで有名な食品がある。中でも〝世界一臭い食べ物〟と評されるのが、スウェーデンの缶詰「シュールストレミング」だ。ニシンの塩漬けを缶に詰めた発酵食品なのだが、その臭いたるや、腐敗臭というかうんこ臭というか、缶を開けると脳天を貫くような異臭が発生する。悪臭の元はその汁で、一度服に付いたら洗濯しても取れないほどしつこく、汁が付いた服はもはや捨てるしかない。

思春期の学生にとって臭いは死活問題である。では、この悪臭を

サドンデスソース・ジョロキア。世界一辛い唐辛子であるブートジョロキアとハバネロを配合した激辛ソースだ。

復讐に利用できないか？　実に簡単な利用法がある。ターゲットのロッカーにでも缶をコッソリ忍ばせておけばいいのだ。

　シュールストレミングは缶の中で発酵が進んでいるため、冷蔵保存が必須とされている。常温だと発酵が進み過ぎてガスが発生。缶がどんどん膨張し、やがて破裂するからだ。つまり、シュールストレミングを缶のままロッカーの中に放り込んでおけば、時限装置のようにある日突然缶が爆発。ターゲットの私物は超絶悪臭によって全滅する。と同時に、周辺に異臭が広がり、学校全体がパニックに陥るかもしれない。

　ターゲットだけをピンポイントに悪臭まみれにするのであれば、制服や体操服などに塗布する手もある。ただ、その場合には、よりコスパのよいブツがある。それが「王致和臭豆腐（おうちわしゅうどうふ）」だ。

　シュールストレミングは実は高価で6000円ほどするが、この王致和臭豆腐なら約1000円だ。納豆菌と酪酸菌で発酵させた汁に豆腐をつけ込んだ中国・台湾の定番グルメの一つだが、こちらも

灰色の汁にどろっとした豆腐が浮かぶ王致和臭豆腐。「これは食べ物なのか？」と疑問が湧くレベルの腐臭が部屋中に広がる。

シュールストレミングは、ニシンの塩漬けを缶の中で発酵させた〝世界一臭い食べ物〟。中の発酵は進んでおり、ガスが発生して缶が破裂することも……。

下水や汚いトイレを連想させる食べ物とは思えないような強烈な臭いがする。これをターゲットの制服や体操服などに塗布しておけば、ヤツからはドブの臭いが放たれることになるだろう。

クラスの問題児をトラップにはめる

クラスに一人はいる問題児。自分勝手な行動ばかりを繰り返し、クラスのトラブルの種になっていることだろう。そういった低能な輩に言葉は通じない。小学生や中学生ならまだしも、高校生ともなると、どんなに教師が熱く指導しても更生は難しいものだ。だからといって、一人のためにクラス皆が迷惑を被るのはもう耐えられない。ならば強硬手段に出るしかない。

その方法は、幸か不幸か、そういった輩は日頃の行いが悪いので、犯人に仕立てあげるのが最適である。周りの教師や生徒は「アイツならやりかねない」※と、誰も信じて疑わないだろう。

まず放課後、美術室や音楽室といった教室に忍び込み、そこで机

※**アイツならやりかねない**
いまだに所持品検査がある学校なら、問題児のカバンに法的にアウトなアイテムを仕込むのも有効だ。ナイフやタバコなどが見つかれば、ターゲットが弁解したところで取り合ってもらえないだろう。

をひっくり返したり、ロッカーの中身をブチまける。とにかくグチャグチャに荒らして、他の生徒に「事件だ」と匂わせられるような状態にしておく。

教室内を十分荒らしたら、ターゲットである問題児の上履きに履き替え、チョークを踏むなどして足跡を残す。床を磨くワックスがあれば、缶ごと床に撒いて足跡を付けてもいい。

そして、そのまま問題児が在籍するクラスの教室に行き、ターゲットの机の周囲に同じ足跡を付ければ完了。翌日、犯人探しが始まる※と、残した足跡ですぐに問題児が疑われることだろう。当然、反抗的な態度を取るので、教師達からの心証はますます悪くなる。ターゲットが謹慎処分を受けたり、学校に来づらくなったりすれば、しばらくは学校生活も平和なものになるだろう。

イジメ動画をSNSにアップして晒す

自分がイジメられていて、学校や教育委員会に密告しても目に見

※犯人探しが始まる
すべてを知っている自分は、あくまで第三者を装う。仕掛けたトラップが気づかれないとヤキモキするが、だからといって自分から動いたりしゃべったりしては絶対にいけない。

える効果がなかったら……。別のアプローチで世間を味方につけるしかない。イジメ動画をＳＮＳにアップし、拡散させるのだ。ＳＮＳ時代の今だからこその方法だろう。

近年、ＳＮＳにアップされたイジメ動画は少なくない。どの動画も炎上し、イジメっ子達には正義マンによる鉄槌が下される。正義マンは未成年であろうが、学生であろうが容赦はしない。本名や学校名はもちろん、実家の住所や家族構成まで特定し、まとめサイトを作って晒してくれる。学校や自宅への凸電が続き、イジメっ子は同じ学校に通学することができなくなり、引っ越しを余儀なくされたり……。また、警察が動いて傷害事件として逮捕された例もある。

加えて、ネットで晒された情報はデジタルタトゥーとなり半永久的に残るため、就職活動や婚約などイジメっ子の今後の人生にダメージを与え続けることになる。

では、どのようにしてイジメ動画を撮影するかだが、「偽装カメラ」と呼ばれる生活用品に偽装したカメラがある。ＵＳＢアダプタ型、ペン型、腕時計型などさまざまあり、Ａｍａｚｏｎでも入手で

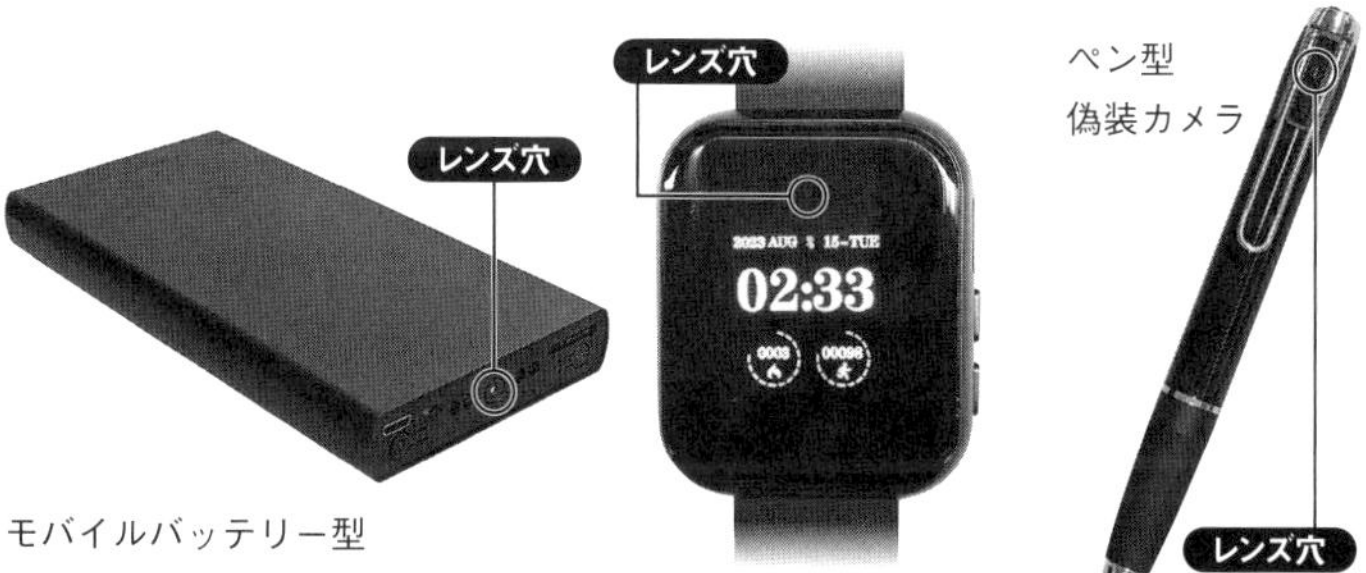

ペン型偽装カメラ

モバイルバッテリー型偽装カメラ

スマートウォッチ型偽装カメラ

きるので、これを使うのが基本だ。その際、カメラ本体に動画を保存するタイプだと、バレた時に映像を消されたりカメラを壊されたりするかもしれない。なので、Wi-Fiなどで動画を転送できるネットワークカメラがベターだろう。

動画のアップ先は、拡散力の高いX（旧Twitter）がいいだろう。投稿する際には「#いじめ」「#イジメグループ」「#暴行」「#特定班」「#拡散希望」などのハッシュタグを付けておけば、より早い炎上が期待できる。また、イジメっ子の名前や学校名などの燃料を頃合いを見て投入するとよく燃えるはずだ。

ちなみにXにアップロードできる動画には制限があり、有料プランでなければ140秒以上の動画はアップできない。そのため、長時間をアップしたい場合はトリミング編集して140秒以内にするか、動画をYouTubeにアップしてURLをポストすればいい。

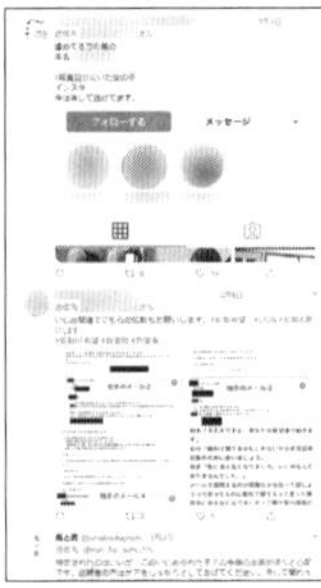

学校が対応してくれないなら、イジメ動画をXにアップしてネットの力を借りる。「#いじめ」「#拡散お願いします」「#〇〇中学校」などのハッシュタグを付けて拡散を狙おう。

教師に復讐

学校のイジメ問題。悪いのは当事者である性根の腐った生徒だが、もしイジメがあるのに見て見ぬフリをしたり、相談しても一切手を差し伸べない教師がいればその教師も問題だ。

また、露骨なエコひいきをしたり、体罰を正当化するクズ教師は今の学校にもいる。そんなどうしようもない教師に反省してもらうにはどうするのがいいだろうか？

問題の教師に直接ダメージを与えるのも１つの手だが、クラスや学校をパニックに陥れるのも有効かもしれない。学校で発生した問題は、生徒を監督する立場である教師の責任とされる。最近は学校で起こったトラブルや不祥事に対する世間の目は厳しい。教師達は対応に追われ、体力もメンタルもすり減らすことになるだろう。

職員用トイレにトラップを仕掛ける

学校は生徒と教師が共同生活している場である。つまり、教師に復讐したいと考えていても、周りには大勢の生徒がいる。そんな生徒の目をかいくぐり、教師にだけピンポイントで何かを仕掛けるのは意外と難しいものだ。教師が必ず単独になるような人目につかない場所があればいいのだが……いや、あった。それは職員用のトイレだ。

職員室があるフロアに、生徒使用不可の職員専用トレイがあるという学校の伝統は今も健在だ。そこなら、出入りするのは基本的に教師だけ。凶悪なトラップを仕掛ければ、かかるのは当然教師ということになる。

トラップに使用するのは、トイレットペーパーとトイレ用洗剤だ。「トイレハ○ター」などのトイレ用洗剤を3~5倍に希釈して洗面器にあけ、その中にトイレットペーパーを漬け込む。そして、洗剤が染み込んだトイレットペーパーを完全に乾かしたら、それを職員

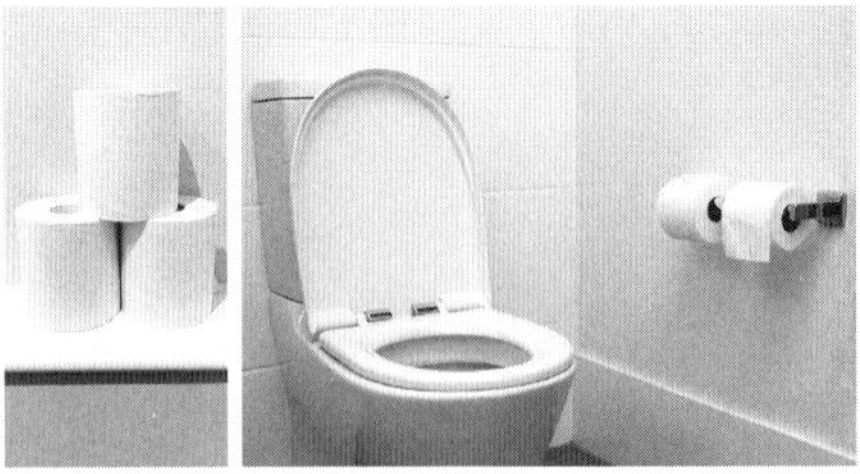
トイレハ○ターにトイレットペーパーを漬け込み、よく乾かしてから職員用トイレにセットすると……。

トイレ用洗剤のトイレハ○ターは、塩素系漂白剤で液性はアルカリ性。皮膚や粘膜に付くと化学ヤケドを引き起こす。

用トイレに持って行き、個室のホルダーにセットする。液体に漬けたトイレットペーパーはフニャフニャと波打つ形状になるが、一刻も早く用を足したい相手はそんなことに気がつく間もない。

トイレハ〇ターはアルカリ性の塩素系漂白剤で、原液が皮膚について いたまま放置すると化学ヤケド※を引き起こすことがある。たとえ希釈したとしても刺激性があり、まして肛門は刺激物に弱い粘膜だ。小細工をされているとは知らず、トイレ用洗剤が染み込んだトイレットペーパーを使ったとしたらその教師の肛門は……。ウォシュレットで即肛門を洗えば事なきを得るが、トイレにウォシュレットが完備された学校などそうはないだろう。

風俗嬢の名刺を仕込んで陥れる

教師というのは高い倫理観が求められる職業だといえる。子ども達を正しい未来へ導くことが求められる教育現場では、下半身がらみのトラブルはご法度。一般の会社ならまだ笑って許されるような

※**化学ヤケド**
酸やアルカリ、有機溶液などが皮膚に触れることで起こる特殊なヤケド。熱傷（普通のヤケド）のように皮膚が損傷する。一般的に、酸よりアルカリの方が深いところまで浸透し、ひどい有様になる。

ものでも、厳しい目が向けられる。

そこで、教師をはめるために使えるのが、夜のお店の名刺だ。ターゲットに〝夜のお店通い〟のレッテルを貼る。

世の中は便利になったもので、その類の名刺は今やメルカリやYahoo!オークションなどでも入手できる。夜のお店に行くことができない学生でも、入手自体は可能だろう。

さらに確実なのは、自分で作ってしまうことだ。フリーの名刺作成ソフトや、Web上で名刺が作れるサービスなどを利用すれば、簡単に作ることができてしまう。その場合は、ただのキャバクラ店ではパンチにかけるので、「SM専門店 奴隷の園」「淫乱制服女学院」など、教師としての品格が疑われる店名を考えればいい。「SM」「奴隷」などの文字を大きめに配置してジャンルがひと目で分かるようにデザインする。源氏名は「マロン」「みるく」など、ありそうな名前を風俗情報サイトで調べておくとリアリティが増すだろう。

そして、名刺を入手したらここでもう1つ細工をかます。「佐藤

無料の名刺作成サービスを利用して、夜のお店の名刺は作成することも可能。「SM」「奴隷」などのハレンチワードを大きめにレイアウトするとそれっぽくなる。

嬢の名刺は、〝夜のお店通い〟のレッテル貼りに効果的なアイテム。メルカリやYahoo!オークションなどで入手できる。

センセーへ　今日はマロンと遊んでくれてありがとう♡」「私も気持ちよかったです！」など、ひと言メッセージとターゲットの名前を手書きするのだ。あとは廊下やトイレなど、生徒の目につく場所に置いておく。

10代の学生というものは、こういうモノを見つけると面白おかしく騒ぎ立てるものだ。ターゲットの教師本人は当然否定するが、学校中に噂が広まるのは時間の問題だ。生徒からその親へと話が伝われば、大事に発展する可能性もある。

教師の〝裏の顔〟を捏造する

ルックスのいい女子にはやさしいけど、男子には厳しくあたり、終いには手を上げる……そんなエコひいきばかりする教師はいないだろうか？　他の教師にいってても取りあってもらえない時は、ターゲットの社会的信用を失わせれば大人しくなるかもしれない。教師の〝裏の顔〟を匂わせるブログ※を作ってターゲットの評判を地に

※**ブログを作って**
「はてなブログ」や「Ameba ブログ」、「FC2ブログ」など、無料のブログサービスを利用すれば簡単に作れる。

落としてしまう。今はＳＮＳの時代だが、教師の年代を考えるとブログをやっていた方がリアリティが増すだろう。

内容は「道徳的に許されない」ものなら何でもＯＫだ。例えばターゲットが体育教師なら「ガチムチ妄想Ｂｌｏｇ」などのタイトルで隠している趣味を楽しむブログを開設し、「Ｎクンはいい体つきになってきた」などと書いておく。プロフィールには居住地とニックネームを入れ、ついでに顔写真も載せたいところだが、あからさま過ぎるのでそこは我慢。教師が愛用しているジャージ、文房具やカバンなどの本人を匂わせる写真を貼り付けておく。

他には、ターゲットを元暴走族に仕立て上げるのも効果的だ。「お世話になった元総長の熱い魂を今の生徒達に伝えたい」「暴力沙汰で鑑別所送りになったのは俺の勲章」などと書けば、決して昔の武勇伝で済む話ではない。

同じ学校の教師で既婚女性との不倫を赤裸々に書いたブログでもよいだろう。ターゲットが一方的に思いを寄せるストーカーだと仕立てるのもアリだ。

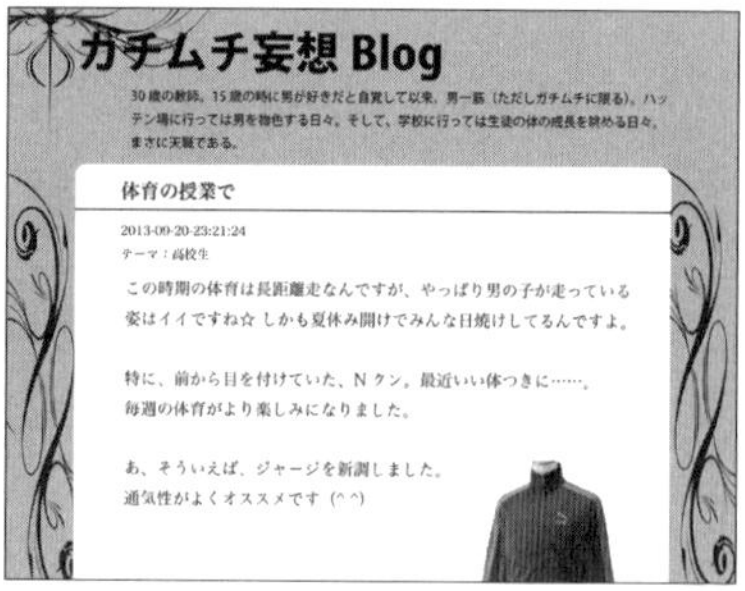

「このままでは生徒に害が及ぶかもしれない」と学校側に思われるブログを捏造。教師の持ち物の写真を掲載し、ターゲットのブログだと匂わせる。

何回かブログを更新したら、友人に「こんなブログのURLが回ってきた」とLINEなどでさりげなく報告。あっという間に校内に広まり、どんな弁解をしても教師の信用が回復するのは困難になるだろう。

教師の愛車に腐敗臭を充満させる

体罰を振るう教師には力づくで返したいところだが、それではリスクが高過ぎる。狙うのであれば教師の体ではなく、所有物だ。もしターゲットが車で出勤していたら、愛車を悪臭まみれにして精神的ダメージを与える手がある。

その方法は、パック牛乳を1本買ってきて車のフロントガラスにぶちまけるというもの。「え、そんなことしても意味なくね?」と思ったとしたら、あなたはその凶悪さを分かっていない。

ぶちまけられた牛乳はフロントガラスを汚し、さらにワイパーの根元付近にある外気導入口にまで流れ込む。外気導入口とはその名

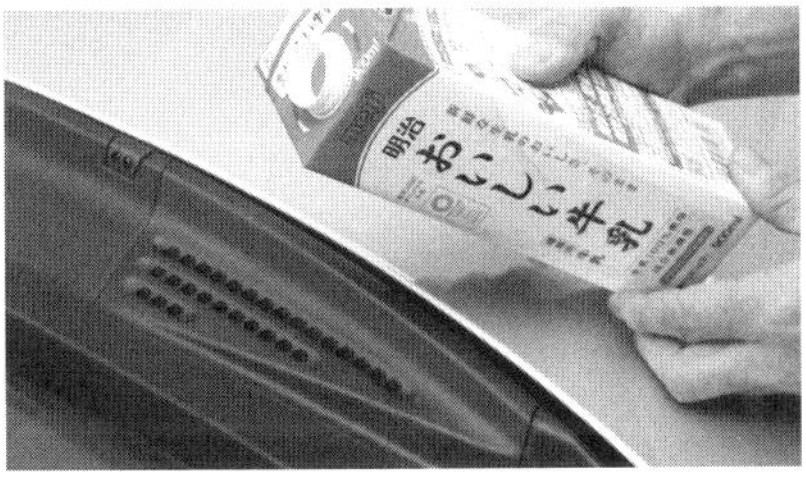

外気導入口に牛乳が流れ込と、エアコンを作動させた途端、車内に腐った牛乳の悪臭が充満する。

の通り、車外からの空気の吸い込み口だ。この中に牛乳がこびりつくと簡単には取れず、牛乳が腐ると車内には腐敗臭が充満する。その臭いは、ファブリーズではごまかしが効かないほどだ。

牛乳の代わりにマヨネーズを使うのもかなり強烈だ。マヨネーズはワイパーブレードにたっぷり塗ってあげるのがいいだろう。雨天時やゴミが付いた時にワイパーを作動させたら最後。ガラス全面に薄い油膜が発生し、ウォッシャー液を使用しても拭き取れない。前方は見えるのに、油膜がギラついて非常にうっとうしくなる。もちろん、外気導入口にマヨネーズが流れ込んでこびりつくと、やがて車内に強烈な臭いを放つようになる。

教室ドアを開かずのトビラにする

問題の教師に直接報復するのが困難な場合は、学校でトラブルを起こして教師の業務を増やしてやるのが効果的。「問題が起こっていたのに先生達は何もしていなかった」などと騒ぎ立てられては、

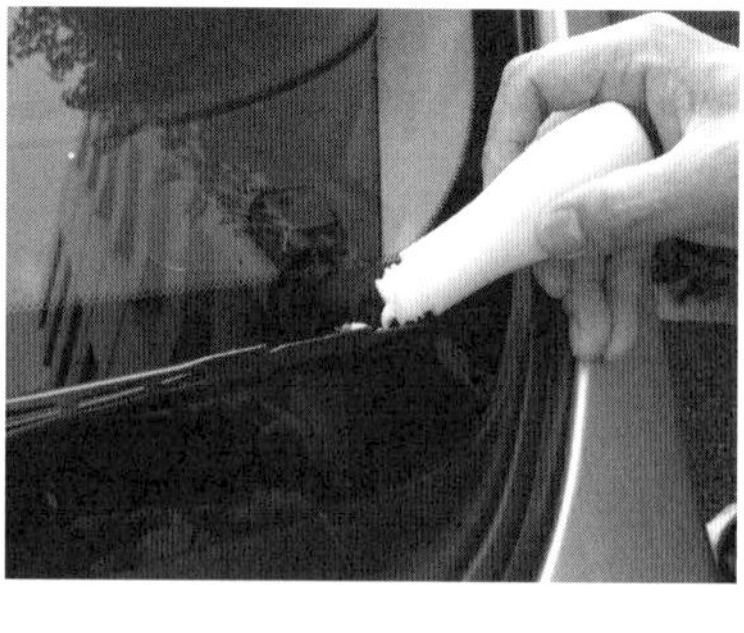

ワイパーブレードにマヨネーズを塗ると、ワイパーを動かした時にマヨネーズがフロントガラス全面に塗られる。洗っても油分は落ちずベトベト状態に。

学校側は保護者や地域に対して申し訳が立たなくなる。どんな面倒事であっても、それが校内で起きてしまえば、教師達は対応せざるを得ないのである。

そこで単純かつ騒ぎになりやすいイタズラとして真っ先に挙がるのが、「開かずのトビラ」だ。朝登校してみたら教室のドアが開かない、どうやってもドアが開かず誰も教室の中に入れない……となれば、生徒も教師も困り果ててしまうことだろう。

ホームセンターの防犯用品コーナーなどに行くと、後付けできるドアの補助錠※が売られている。その中から穴開け不要の補助錠を選び、人目がない時を見計らって教室のドアに取り付けてしまうのが手っ取り早い。キーがなければ当然補助錠は開錠できないし、防犯上の理由から補助錠は一度取り付けるとドライバーなどでは簡単に分解できない構造になっている。結局は補助錠を壊して取り外すことになるだろうが、それには相当の労力と時間がかかるだろう。

もし補助錠がダメなら、ドア全体をコーキング剤で埋めてしまうという手荒い方法もある。コーキング剤とは建材の隙間を埋めるた

※補助錠
防犯のためにはカギを二重にするのが効果的。ただ、メインのカギ（主錠）の他に、もう1つ穴を開けてカギを取り付けるのは大変だ。そこで、穴開け不要の補助錠が利用される。

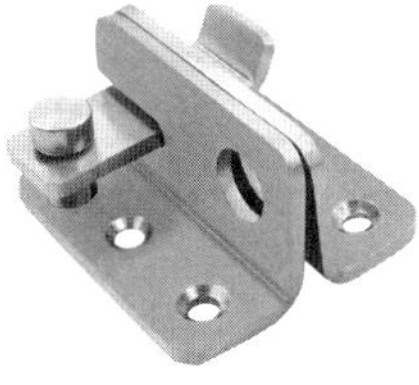

教室のドアに勝手に補助錠を取り付けると、開かずのトビラになる。誰もキーを持っていないのだから当然だ。

めのパテ系の充填剤で、こちらもホームセンターなどで売られている。これをドンと1箱購入してきて、教室ドアの隙間という隙間に注入してしまうのだ。凝固すれば最後、大人の全力を持ってしても開けることは困難で、業者を呼んでドアを解体するしか開ける手段はなくなってしまう。

ちなみに、コーキング剤は6~8時間くらいで完全硬化する。復讐したい相手が教師で、そのターゲットが研究室などで長時間の作業をすることが分かっているとすれば、教室の外側からドアを封鎖し、部屋の中に閉じ込めてしまうという仕打ちも可能である。そろそろ帰ろうかと外に出ようとしても、ドアがガチガチに固められていて、部屋から一歩も出られなくなってしまうわけだ。

教室をトイレ臭で満たしてあげる

現代の学校校舎はどこも鉄筋造りで、気密性が高く、冷暖房が効きやすくなっている。しかし中の空気を逃さないゆえに、そんな校

ドアの縁にコーキング剤を塗布。空気中の湿気と反応し、6～8時間くらいで完全硬化する。

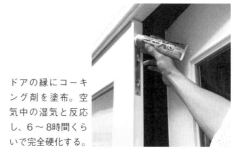

舎ではちょっとした臭いが気になるものだ。そこで、クラスや校舎内にイヤな臭いを撒き散らすという嫌がらせがある。

利用するのは、教室に設置されている超音波式加湿器だ。最近ではインフルエンザなどを予防するために、部屋の湿度を上げる加湿器を置く学校が増えてきた。超音波式の加湿器は、水を超音波で振動させ、水蒸気として水分を空中に飛ばす仕組み。実は水だけでなく液体であれば何でも気化させられる。例えば、中に牛乳を入れれば牛乳が気化するし、タバスコ※を入れればタバスコが空気の中に散っていくことになる。

つまり、ここに気になる匂いの素を入れれば教室中に充満するわけだが、トイレ用の芳香剤なんかがいいだろう。スーパーやホームセンターなどで液体タイプのものを買ってきて、加湿器に放り込む。はじめのうちは、ほのかないい匂いに感じるかもしれないが、時すでに遅し。たちまち教室内に充満し、教室中がトイレ臭に包まれる。

好き嫌いが分かれる臭いという点では、電子タバコのリキッドもアリだ。これはそもそもフレーバー液を熱して水蒸気を楽しむとい

冬場、乾燥を防ぐために用いられる、超音波式加湿器。超音波によって水蒸気を発生させる。

トイレの芳香剤は液状のものを選ぶ。量を多く入れるほど、不快な臭いがキツくなる。

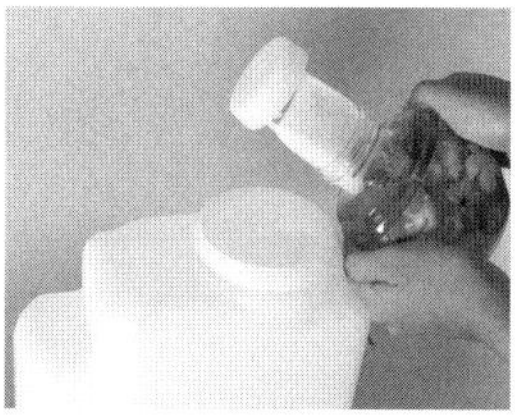

※タバスコを入れれば
そのままだと気化しにくいので、ちょっと温めてやろう。

う嗜好品なので、超音波式加湿器との相性もいい。タバコの葉は使用されていないため、生徒達への健康被害こそないが、独特のケミカル臭は嫌いな人には強烈な不快感を与えることになる。

職員室に永久ＦＡＸ攻撃

生徒に暴言を吐いたり、不必要な叱責を繰り返す問題のある教師。その一人だけならまだしも、周りの教師もその様子を見て見ぬフリをしているなら、全員同罪だ。そんな教師達には、まとめてパニックになってもらうとしよう。

その方法が〝永久ＦＡＸ攻撃〟だ。教育現場でもデジタル化が進められているとはいえ、学校にはいまだＦＡＸが設置されている。そのＦＡＸを紙がなくなるまで延々送り続けるというものだが、方法はこうだ。

「教師の○○は2年Ｂ組の生徒Ａ・Ｏとデキている」など、教師の悪事を告発する風の文章※をコピー用紙２枚に印刷し、その２枚をセ

※**悪事を告発する風の文章**
1枚だと握り潰される可能性もあるが、何百枚と送られれば必ず複数人の目に止めるだろう。

ロハンテープでつなぎ合わせる。ポイントは、途中でセロハンテープの隙間を空けておくこと。紙と紙の間隔は１㎝くらいがいいだろう。

　そして、ＦＡＸのオートフィーダーに差し込んだところで、紙の両端をセロハンテープでつなぎ、輪っか状にする。ここでもつなぎ目の間隔は１㎝ほど空ける。これによって、ＦＡＸは何枚も紙があると勘違いして、オートフィーダー上で紙がぐるぐる回り続けるのだ。つまり、受信側は紙がなくなるまで印刷をし続けるというわけだ。

　受け取った相手は、電源を切るか、回線を叩き切るかをしないとＦＡＸから出てくる紙を止められない。また、教師達が学校にいない夜の時間帯に行えば止めようがない。教師達はその送信された内容にワナワナしながらも、大量の紙束をシュレッダーにかける作業に時間を取られることだろう。

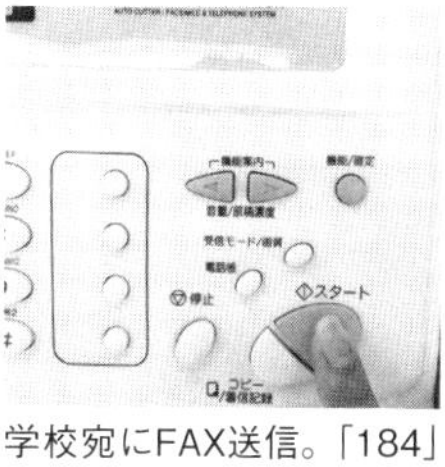

学校宛にFAX送信。「184」を付けて、発信者番号を非通知にするのを忘れずに。

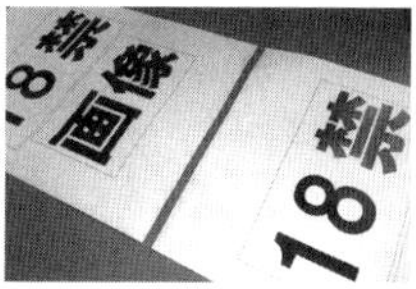

告発文をプリントした用紙2枚を、1cm空けてセロハンテープでつなげる。

片方の紙をFAXにセットしたら、2枚の両端をセロハンテープでつなぎ、輪っか状にする。

学生食堂をパニックに陥れる

生徒数がそれなりにいる高校には、購買部とは別に学生食堂などもあるだろう。学食の魅力は、とにかく安い値段でご飯が食べられること。昼食時ともなれば腹を空かせた学生達でかなり賑わっているはずだ。

一般的な学食はセルフ式で、自動券売機で食券を買うシステムになっている。つまり、その食券を買えなくしてしまえば、空腹の学生達は昼食にありつけない。学食がパニックになり、午後の授業にも影響が出ること確実だ。

用意するものは、「ス○パーX」などの瞬間接着剤。金属や硬質プラスチックを接着でき、数分で凝固し始めるタイプのものだ。この接着剤をコインの外縁にたっぷり塗り付け、自動券売機のコインの投入口にすばやく投入する。この時、コインに付いた接着剤はまだ固まっていないので、そのままコインは下に落ち、普通に食券を買うことができるはずだ。

券売機のイタズラに使うのは瞬間接着剤。「ス○パー X」など、金属やプラスチックを接着できるタイプを用意する。

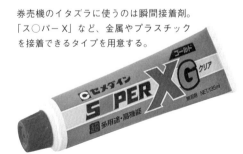

ところが、コインが硬貨収容部（カセットチューブ）に転がっていく過程で、その通り道には接着剤が張り付いて残ることになる。そのため、後の人がコインを入れると接着剤の残骸がへばりつき、コインが下に落ちにくくなる。そして、誰かが「券売機にお金が詰まった！」などと騒ぎ出す頃には、接着剤は硬化し、機械の中でコインを固定して完全に詰まらせてしまう。

単にコインが詰まっただけならすぐに直せるが、接着剤によって中で張り付いたコインはその場で取り出すことなどまずできない。その日の食券の販売は終了だ。自分は昼食を悠々と食べながら、パニック化していく学食の様子を見物できるというわけだ。

高濃度塩素プールで阿鼻叫喚

大抵の学校にはプールがあり、夏になると体育の時間などに利用される。学校のプールで思い出すことといえば、塩素の独特の臭いではないだろうか。プールの水の中には目に見えない細菌や原虫な

コインの外縁に接着剤をたっぷり塗り、券売機に勢いよく投入。コインが転がると接着剤がへばりつき、やがて硬化する。

どが潜んでいるため、塩素消毒を行うことで殺菌・滅菌しているのだ。

その塩素剤だが、学校のプールではハイライト（塩素化イソシアヌル酸）などが使用されることが多い。白色で顆粒状の塩素消毒剤だ。これをプール横にある機械（塩素注入機※）に入れ、水中の塩素濃度が常に0・4〜1ppm（mg／L）になるように管理している。1ppmを超えるとそれ以上の消毒は見込めず、むしろ人体には害になる可能性の方が高いとされているのだ。

ということで、この学校のプールに何かイタズラしてやろうかとなった場合は、プール水の塩素濃度を上げることが考えられる。

実際、学校ではプールの塩素濃度の管理の方はちゃんとしていても、塩素剤の管理自体は甘いという場合が少なくない。なぜなら、塩素剤は数時間おきに追加しなければならないため、あまりに厳重に管理するとそれはそれで使う時に面倒なのだろう。なので、プールの準備室などに塩素剤のストックがそのまま置かれていることがしばしば。つまり、その気になれば入れ放題なわけである。

※**塩素注入機**
プール水を循環浄化するための配管系に付いている。塩素注入機がないプールでは、固形の塩素剤を直接プールに投げ込んでいることがほとんど。

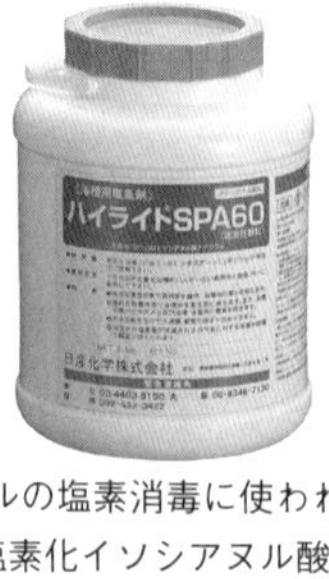

学校プールの塩素消毒に使われる、ハイライト。塩素化イソシアヌル酸が主成分。

サイズにもよるが、学校の25ｍプールであれば１回のハイライトの投入量はおよそ５００ｇ〜１kgなので、試しに５kg[※]も入れれば異変を訴える生徒が出てくるだろう。目痛や肌への刺激、うっかり水を飲んでしまった生徒は後から下痢や腹痛になる可能性も考えられる。ちょっとした騒ぎになり、プールの時間は中止に追い込まれるかもしれない。

ただし、ちょっとした騒ぎで済まなくなる行為もあるので、最後に注意喚起として付記しておく。それは、塩素剤の混合だ。これは本当に危険なので、絶対にやらないでほしい。

学校のプールではハイライトの他に、ハイクロン（次亜塩素酸カルシウム）がストックされていることも多い。このハイクロンというのは、プールに藻などが発生するのを抑えるために使われるもので、以前は腰洗い槽[※]の消毒剤としてもよく使われていたものだ。こちらも白色の顆粒である。

ハイライトとハイクロンはどちらも塩素剤ではあるのだが、この２つは〝まぜるな危険〟。ハイライトは酸性、ハイクロンはアルカ

※５kgも入れれば
ハイライトは業務用ボトル１本に２・５kgの顆粒が入っている。準備室には数本のストックがあるはずだ。

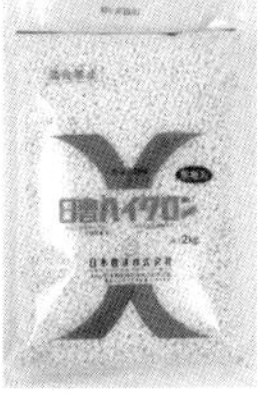

ハイクロン（次亜塩素酸カルシウム）。この塩素剤も、プール消毒剤によく使われている。

※腰洗い槽
昭和世代には馴染み深い、プールの前に入る水槽。名前こそ腰洗いだが、性器や肛門を消毒する場所で、塩素濃度はプールの50〜100倍もあった。なぜか水温が異様に低かったのも腰洗い槽の思い出。

り性ということで、混ぜると化学反応を起こして危険な塩素ガスが発生する。塩素注入機が壊れるだけでなく、下手をすると塩素ガスによる怪我人が出て、しばらくプールは使用不可になるだろう。なので、ハイライトと間違えてハイクロンを投入したりしないように十分注意してほしい。すり替え※などはもってのほかである。

遺書を書いて教育委員会を動かす

クラス中から無視や嫌がらせを受けているのに何もしてくれない担任教師や暴言の多い勘違い教師がいれば、他の教師や教頭、校長に助けを求めるのが一般的な方法だろう。普通はこれで何かしら対処をしてくれるはずだが、そういったトラブルが表沙汰になるのを嫌がり、うやむやにされる……なんてこともなきにしもあらず。

だとしたら、学校にとって厄介な相手に密告するしかない。それはご存じ、教育委員会だ。教育委員会は学校の上位に位置する機関なので、教育委員会まで話がいくと学校側は絶対に無視できなくな

※**すり替え**
実際、ハイライトが入っている機械に間違えてハイクロンを入れ、塩素ガスを発生させる事故が毎年起こっている。ガスを吸い込んだ人が救急搬送されるケースも……。

ってしまうというわけだ。

教育委員会には市町村委員会と都道府県委員会の２機関があり、力を持っているのは都道府県の方。そちらに通報するのが効果的だ。Ｗｅｂサイトには必ず相談窓口が用意されているので、そこから連絡する。

都道府県の教育委員会から市町村の教育委員会に通達がいき、そこから学校に指導が入るという流れ。不適切な指導や体罰などの問題があった場合は、都道府県の教育委員会に当該教師が呼び出されて事情聴取されることもある。そして、〝その通報内容が仮にデマであっても〟教育委員会に話がいった時点で記録には残ってしまうため、その教師の経歴にはミソがつくことに……。

単に通報するだけでは教育員会が動く確証が持てないのなら、「遺書」を書いて送るのも最終手段として有効だ。といっても、もちろん死ぬのは御免なので、あくまでも遺書を書くだけ。ターゲットの教師の名前をしっかりと出し、どんな仕打ちを受け、自分がどう思ったのかを書いておけばよい。また、字はなるべく覇気がない

教師の悪事は各都道府県の教育委員会に密告。東京都では「公益通報弁護士窓口」があり、東京都教育委員会が委嘱した弁護士を介して教師の体罰やセクハラを通報できる。

感じにしておくとリアルだ。

教育委員会の窓口に郵送すると、それを受け取った委員会はすぐに学校に連絡するはずだ。教育委員会からの連絡と聞けば、職員室の空気は一変。当事者の教師を含め、職員全員に召集がかかり大騒ぎになるだろう。ターゲットの教師が追求を受ければよし、職員室の混乱を見て溜飲を下げるのもまたよしだ。

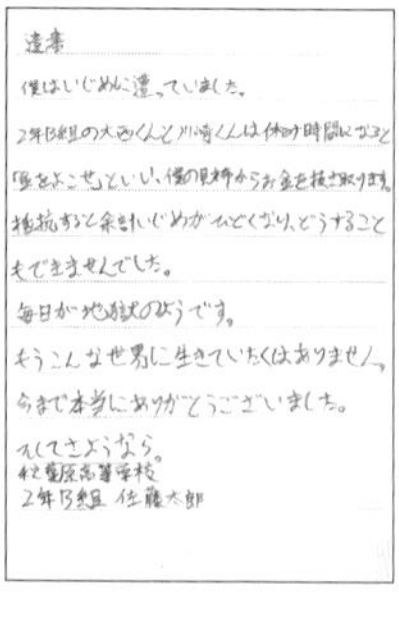
遺書
僕はいじめに遭っていました。
2年B組の大西くんと川崎くんは休み時間になると
「金をよこせ」といい、僕の財布からお金を抜き取ります。
抵抗すると余計いじめがひどくなり、どうすること
もできませんでした。
毎日が地獄のようです。
もうこんな世界に生きていたくはありません。
今まで本当にありがとうございました。
そしてさようなら。
杉並原高等学校
2年B組 佐藤太郎

遺書は、PCやスマホのメモ書きではなく手書きする。ノートなどを切り取り、そこに鉛筆で書くといい。何回も消しゴムで消した跡などがあると、アピール効果抜群。

第6章

隣人に復讐

あなたの近所には迷惑をかける〝モンスター隣人〟はいないだろうか？　深夜なのにドンチャン騒ぎのバカ声が聞こえてくる、玄関前にゴミを捨てられる、タバコの煙がひどくて窓を開けられないなど、隣人とのトラブルは尽きない。注意して分かってくれればいいものの、そういった人間に限って逆恨みし、トラブルが大きくなってしまうことも珍しくない。

隣人であれば、相手の生活パターンや家族の状況、車の有無など、他人ではなかなか入手できない情報がイヤでも入ってくるはずだ。それ以外にもご近所ということで、郵便物の配達時間は分かるだろうし、旅行などで家を空ければその雰囲気はすぐに伝わってくる。これだけの情報があれば、配達された郵便物を勝手に廃棄したり、その気になれば合カギを見つけ出して内部に侵入することも不可能ではないだろう。

しかし、そんな直接的な方法に打って出ては、ターゲットにバレなくても他のご近所さんに見られてしまう可能性が出てくる。それではマズい。隣家と地続きであるという状況を活かし、あくまで間接的にダメージを与え続けるのが賢明なやり方だ。

カギ穴に細工して家の中に入れなくする

他人の家に対して行われる嫌がらせの代表格といえば玄関ドアの封鎖だ。第5章では学校の教室ドアを封鎖する方法について書いたが、個人宅で狙われるのは玄関ドアのカギ穴。

最近は金属パテや2液エポキシ接着剤などの強力な接着剤が、100円ショップでも気軽に購入可能になった。そこで、これらの接着剤を玄関ドアのカギ穴にブチュッと注入するわけだ。

カギはピンシリンダーやディスクシリンダー、ディンプル錠[※]を問わず、内部のピンが動いてキーと錠のピン位置〝シアーライン〟が揃うと開錠される仕組みになっている。接着剤はこのピンをガチガチに固着させてしまうので、物理的にカギを開けることができなくなってしまう。カギごと交換する以外に方法はなく、家に入れなくなってしまうのだ。

速乾性の瞬間接着剤をカギ穴に注入するとシリンダーがガチガチに固定され、ドアが開かなくなる。

※ディンプル錠
上下・左右・斜めにピンがある複雑な構造を持つカギ。ピッキングに対して安全性が高いため、最近の住宅のカギは大体これ。

家人は外出中にこれをやられるとたまったものじゃない。家に帰ってくつろぐはずが、カギ業者を呼ばないといけないハメになる。逆に、仕掛ける側にとっては実に※コスパのよい嫌がらせの手口だといえる。

海外からうんこを送りつける嫌がらせ

復讐する相手が隣人ということは、ターゲットの住所は番地から部屋番号まで正確に分かっている。となれば不用品を送りつける嫌がらせ、〝デリバリー攻撃〟をいつでも仕掛けられるわけだが、あるサービスを利用すればとんでもないものをお届けできてしまう。それはズバリ、うんこである。

指定した住所に動物の糞尿が匿名で届く……そんなクレイジーなサービスがアメリカを中心に運用されているのだ。香港に拠点がある「ShitExpress」というサービスで、運営は2014年からとそこそこの歴史がある。調べてみると、日本への発送にも

※**コスパのよい嫌がらせ**　瞬間接着剤は数百円。それに対しカギ交換は、作業費を含めると5万円はかかる。

嫌いな相手にうんこ入りの箱を匿名配送するサービス「ShitExpress」（https://www.shitexpress.com/）。

対応している模様。

注文フォームに送り先の住所・氏名などを記入し、料金を支払えばミッション完了。料金は送料無料で一律16・95ドル（約2500円）とお手頃で、BitcoinもしくはPayPalで支払う。これだけで、透明ケースにぎゅうぎゅうに詰まった動物のうんこが届くのだ。現在は馬orゾウのブツを選ぶことができ、可愛らしいステッカーを貼った外箱と、フォームで入力したメッセージカードを添付できるようだ。

突然、送り主不明で自分宛にうんこが届いたら、家の中は阿鼻叫喚。迷惑行為をやめない自己中な隣人も、これにはショックを受けるだろう。

ちなみに、このShitExpressは2022年にハッカーからサイバー攻撃を受け、700万人分の顧客データが流失した過去がある。ということは、誰かに動物のうんこを送りつけた経験がある人が世界に700万人……海外では意外とポピュラーな嫌がらせなのかもしれない。

注文フォームに送り先の住所・氏名、メッセージを入力。料金の支払いを完了すると、透明ケースにたっぷり詰まった動物の糞尿がターゲット宅に送りつけられる……。

家中に異臭を充満させる

ご近所トラブルといえば、騒音問題に加えて「悪臭」も定番。隣人が吸っているタバコの煙が臭い、軒先に放置されているゴミ袋が臭う、洗濯物の柔軟剤の匂いがキツいなど、実に多くの臭いにまつわるトラブルがある。嫌な臭いを四六時中かがされるということは、人にとって耐え難いストレスだということだろう。

そこで、ターゲットにも家の悪臭で苦しんでもらう方法がある。灯油やガソリンの鼻をつくような刺激臭、あの臭いを家中に充満させるというものだ。特にターゲットの家が戸建住宅の場合に仕掛けやすい嫌がらせで、手順はこう。

まずは公園の砂場のような場所から砂を2～3kgほど回収してくる。公園の砂場には荒砂という細かい砂が使われているが、フライパンなどで軽く炒めて水分を飛ばし、サラサラの状態にしておくと使い勝手がいい。

これをターゲットの家の外にある汚水ますに流し込むのだ。汚水

宅地のあちこちに設置されている汚水ます。キッチンやトイレ、風呂などの排水管とつながっており、排水のゴミをここに沈殿させる。

ますというのは、家庭排水を公共の排水管に流す前のゴミ溜めになるますで、小さいマンホールのようなもの。宅地の各所にあるが、道路との境界付近※にも設置されていることが多く、フタは簡単に開けることができてしまう。

炒めた砂はサラサラと汚水ますに吸い込まれていくことだろう。砂がもうこれ以上入らなくなったところで、今度はガソリンをドボドボ流し込む。先に砂が詰まっているのであまり流れていかないかもしれないが、砂にガソリンが十分浸み込めばＯＫだ。

するとその家では、何が起こるのか？　揮発性の高い※ガソリンの臭いが排水管を通り、家の中へと吹き上げられるのだ。発火こそしないが、キッチン、洗面所、風呂などの排水管から石油臭が漏れ出し、家の中に充満する。石油の臭いは一度付くとしつこい。寝具や洋服にも異臭がこびりつき、住人は具合を悪くするかもしれない。

ちなみに、汚水ますに詰まった砂はといえば、生活排水や雨水によって公共の排水管へと流れていってしまう。ターゲットが異変に気づいたところで物証は自然に始末され、痕跡も残らない。

※道路との境界付近
公道との境界から１ｍ以内の宅地に、家庭排水が公共の下水道に合流する前の最後のますがある。「公共ます」と呼ばれるもので、このますは自治体が管理している。

※揮発性の高い
気化しやすいということ。ガソリンは常温常圧の状態でも蒸発しやすく、「揮発油」ともいわれる。

自家用車にダメージを与える

「坊主憎けりゃ袈裟まで憎い」とはよくいったもので、隣人が憎ければその所有物さえ忌々しく見えてくるものだ。家の外にあるもので、最も高価な所有物といえば車。特に男の場合、愛車は何よりの宝物という場合が多い。ならば、隣人の愛車に不具合を起こしてやれば、ターゲットは心身ともに大きな被害を被ることになる。

車に対して簡単にできる細工の1つが、マフラーへの詰めものだ。車はエンジンがかかると、エンジンルーム内の吸気口から外気を取り入れ、その外気がエンジン内部でガソリンと混合。ガソリンが外気によって燃焼して、マフラーから排気ガスを排出するという仕組みになっている。つまり、エンジンルーム内の吸気口を塞ぐか、もしくはマフラーにフタをするなどすれば、エンジンはかからなくなってしまうのだ。

ボンネットの中にある吸気口より、狙いやすいのは外部にあるマフラーだ。しかし、ボロ雑巾を詰めたくらいでは排気の圧力ですぐ

車両の外部にあるマフラーは、格好の餌食。コーキング剤を詰めれば、エンジンがかからなくなる。

にすっぽり抜けてしまう。そこで、用意するのはコーキング剤。これを、夜間の車が動かない時間帯に注入する。なるべく奥までシリコンが流れ込むように、ブチュッと注入してあげればいい。

シリコン系のコーキング剤は6〜8時間で完全に固まるが、一度固まったら排気圧くらいでは抜けることはない。マフラーは完全に塞がり、車のエンジンはかからなくなってしまうだろう。

2つ目は、タイヤの空気圧を減らす方法。タイヤの空気を減らすといってもすべて抜いてしまったり、極端に減らしてしまっては乗車前に気づかれる恐れがある。また最悪、交通事故につながる可能性もあるので注意が必要だ。

ここでのコツは、基準値よりも若干下げることなのだ。タイヤのエアゲージ（1500円〜）を購入し、タイヤバルブに接続。タイヤ側面の指定空気圧より若干下がる状態に設定する。タイヤの空気圧が低いと燃費は低下。ガソリン代が余分にかかるようになる。加えて、空気圧が多少減っているだけなので、ターゲットにも気づかれにくく、長期的な嫌がらせができるというわけだ。

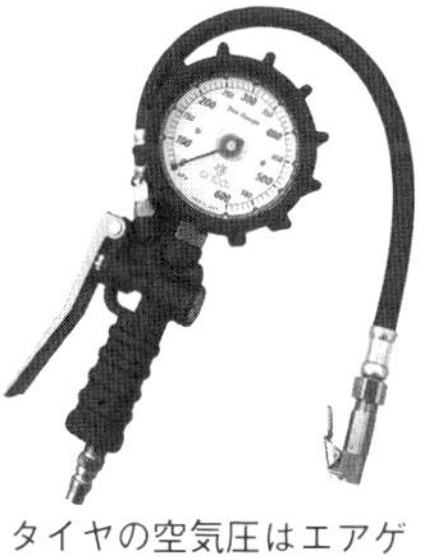

タイヤの空気圧はエアゲージで確認、調整する。

タイヤの空気圧を基準値よりもやや下げておけば、燃費は低下。ガソリン代がより多くかかるようになる。

違反車両になる細工で陥れる

車への簡単な細工で、ターゲットとなる隣人を陥れる方法もある。ナンバープレートの隠蔽だ。

ナンバープレートは、公道を走行する際には必ず装着して、ナンバーがすべて見えている状態でなければならない。そこで、ターゲットの愛車に近づき、リアのナンバープレートの一部にガムテープをペタリと貼ってしまう。１文字隠した程度では、ドライバーはまず気づくことなく車を走らせるが、それがパトカーに見つかったら……。ナンバーを隠した車は停車を命じられ、職務質問は避けられない。とにかく面倒なことになることは確実だろう。

また、普通自動車のリアナンバープレートに必ずある封印をペットボトルのキャップなどで隠しておくのもアリ。封印が破れていたり隠されていると、これまた違反車両として見なされる。

ちなみに、これらの状態で取り締まりに遭った場合は、番号標表示義務違反となり、２点の減点、かつ50万円以下の罰金が課される

ガムテープでナンバーの一部を隠蔽。乗車時にリアナンバープレートを確認するドライバーはまずいない。

ことになる。

ママチャリに過激な制裁

ターゲットの家には自動車の他に、自転車も1台や2台はあるだろう。買い物や近所へのお出かけに使う、いわゆるママチャリだ。しかも、ちゃんと自分の家の敷地内に収容しておいてくれればよさそうなものだが、迷惑家族は玄関先に放置していたりする。

そんな自転車を利用した恐ろしい制裁がある。自転車のキーパーツといえばブレーキとチェーンだが、そこを狙ったものだ。事故につながる可能性もあるのでやり過ぎてはいけないが、ここでは知識として紹介しておく。

ママチャリなどの廉価な自転車は、後ろブレーキはバンドブレーキになっていることが多い。これは車輪と一緒に回転している「ドラム」と呼ばれる円盤を、摩擦材付きのバンドで締めつけることでブレーキをかける仕組みだ。つまり、ドラムとバンドの摩擦によっ

バンドブレーキのドラムにオイルスプレーを吹きつけ、グリスアップすると、まったくブレーキの効かない自転車が出来上がる。

て車輪の回転を止めるわけだが、この部分に対してやってはいけない禁止事項がある。それは、油を差すこと。チェーン用などのオイルスプレーをたっぷりを吹きつけると、ドラムを止めるためのバンドが滑るようになり、まったくブレーキが効かない自転車と化してしまう。

坂道を下る時などにブレーキをかけようとしても時すでに遅し。ブレーキの効かない自転車は、一切スピードを緩めることなく走り続けることになり、非常に危険な事態となる。

一方、自転車のチェーンに対しては、「パーツクリーナー」を使った嫌がらせがある。パーツクリーナーとは、チェーンやギア、ブレーキなどの金属部品に付着した汚れを洗浄する有機溶剤だ。通常の自転車のメンテナンスでは、パーツクリーナーで汚れを落とした後には必ずオイルを差し直す必要がある。しかし、パーツクリーナーをチェーンに吹きかけ、そのまま放置すると、動作を滑らかにするオイルが取れてしまいチェーンが一気に重くなる。それだけならまだマシなのだが、必要な油分がない状態でチェーンを回すと、チ

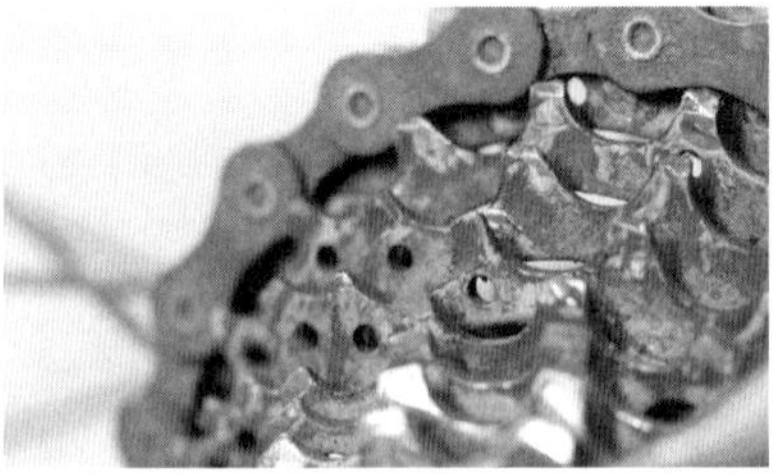

パーツクリーナーをチェーンに吹きかけると、必要な油分が奪われ、サビや劣化の原因になる。

ェーンはすぐに劣化してしまうのだ。

つまり、パーツクリーナーで毎日ターゲットの自転車チェーンをお掃除し続ければ……次第にサビが発生し、ある日突然プッツンと切れてしまうかもしれない。

ガーデニングされた庭に除草剤攻撃

ベランダにボールを投げ込んできたり、外壁に落書きをしたりと、子どものイタズラはまだ許せる。しかし、そのことで子どもを叱らない親も中にはいて、こちらが注意しようものなら逆ギレして怒鳴り込んでくる始末。隣人がそんな迷惑家族だとしたら不幸としかいいようがない。

しかし、もしその家族が庭でガーデニングを楽しんでいるようならば、除草剤を使った仕返しが可能だ。愛情を込めて大事に育てた庭がボロボロになり、半年は何も草花が生えてこない……ショックを受ける妻とそれを必死になだめる夫、そして泣きわめく娘。好き放題やっていた迷惑家族のこんな姿が見られるかもしれない。

さて、除草剤の代表といえば、２，４-ジクロロフェノキシ酢酸、通称２，４Ｄ（ニーヨンディー）だ。ベトナム戦争時代に開発された枯れ葉剤の主成分で、ホームセンターの園芸コーナーに行くと「２，４Ｄアミン塩」などが数百円で売られている。２，４Ｄは植物ホルモンに近い形で、これを植物が過剰に吸収すると代謝異常を起こして枯れる仕組み。この液剤を噴霧器や超強力水鉄砲に入れ、隣の庭に向けて撒いてやればいい。ただし、木を枯らすにはものすごい量が必要になるので、50㎝以下の草花を枯らす範囲で使うのがよいだろう。

また、イネ科植物には一切効果がないので、芝生を枯らすなら、「ク○ノンＤＸ」などのメトリブジンという成分を含んだ枯草剤を使う。こちらは粒剤なので投げ込むだけでよく、最速３日ほどで芝生が枯れ始める。ちなみにク○ノンＤＸに２，４Ｄアミン塩と混ぜると、何もかもを枯らす恐ろしい薬剤に……。


芝生を枯らすには、メトリブジンを含んだ「ク○ノンDX」。これに「2,4Dアミン塩」を混ぜると、どんな草木でも枯らせる最強の除草剤に。

ホームセンターでよく売られている「2,4Dアミン塩」。除草効果は強力だが、2Lで5,000円ほどと、広い範囲に使うとコスト高。

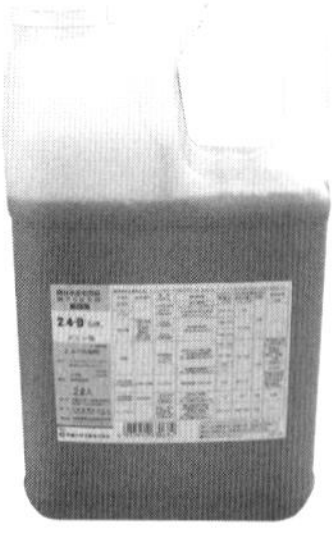

繁殖力の高い植物で隣人宅を浸食

隣人宅の庭を荒れ果てさせる方法には、枯らすの逆で〝生やす〟やり方もある。よくある近隣トラブルの1つに、庭の樹木が隣の家の敷地に侵入して落ち葉や種などを撒き散らす「植物の越境問題※」があるが、迷惑な隣人に対してあえてこれを利用するのだ。

この報復のキモといえるのが、植える植物だ。安易な栽培は厳禁といわれている繁殖力の高い品種をあえて自宅の庭に植えることで、隣人宅の敷地まで勝手に浸食していく。

繁殖力の高い植物としては、ミント、ワルナスビ、ドクダミ、オキザリス、ナガミヒナゲシ、竹、笹などが有名。特にミントは「ミントテロ」と呼ばれるほど強力な繁殖力があり、ガーデニングや畑に種を軽く撒くだけで、庭一面がミントで覆われるほどだ。地上に出ている部分を引き抜いただけでは地下茎から何度でも生えてくるため、除草剤を根元深く浸透させない限り除草できない。となると当然、たとえ除草できたしても、しばらくは植物を植えることがで

※**植物の越境問題**
法律（民法233条）上、隣人宅に侵入した枝でも、持ち主に無断で伐採することは禁じられているのだ。

隣人への嫌がらせ行為として有名な「ミントテロ」。種を軽く撒くだけで、庭一面がミントで覆われる。

きない庭になってしまう。

ワルナスビも、地下茎から繁殖するタチの悪い植物だ。千切れた地下茎や根が地中に数cmでも残っているとすぐに復活するため、一度庭に侵入してしまうと根絶は困難。しかも、茎や葉には鋭いトゲがあり、全草にソラニンという毒を持っている。環境省の要注意外来生物にも指定されている、庭植え厳禁の植物だ。

大型の植物ということであれば、やはり竹だろう。竹の成長力はすさまじく、アスファルトを突き破って生えてくることもあり、建物の基礎を破壊するケースもあるほどだ。地下茎で周囲の竹とつながって栄養を補給しており、枯れにくいのも特徴。根の処理にも非常に手間がかかる。専門業者に依頼するとなれば、金銭的な負担も強いられることになる。

カラスの大群をご招待

黒い不気味な姿、ゴミ袋を突き破って漁り、けたたましい鳴き声

竹は驚異的な繁殖力＆成長力を持ち、1日で1m以上成長することもある。枯れにくく、根の処理にも手間がかかる。

をあげる。そんな理由から人間に忌み嫌われているカラス。春から初夏にかけての繁殖期、特にヒナが巣立つ5月以降は殺気立つようになり、巣やヒナの近くを通る人を威嚇したり攻撃することもある。そんなカラスの大群が迷惑家族が住む家に集合したら……まともな生活は送れなくなるだろう。

では、カラスを呼び寄せるのに何が必要かといえば、それは当然餌ということになる。カラスは記憶力も抜群で、一度よい餌場を覚えると、これを狙ってしつこく飛来する。

カラスは何でも食べる生き物だが、特に肉、卵、油など、高タンパク、高脂質な食べ物が好物だ。そこで、それらの習性を利用して、カラスの好物を集めた究極の肉ダンゴを作る。

業務用のスーパーなどに行けば、大容量の冷凍肉ダンゴ、ケーキ、マヨネーズが安く手に入る。これらを混ぜこねてゴルフボール大のダンゴにすればOKだ。そして、それを隣人宅の庭や屋根に投げ込んでしまう。

究極の肉ダンゴを仕掛けられたターゲットの家の上には、旋回す

カラスは高タンパク質を好む傾向がある。中でも好物は、肉とマヨネーズと生クリームだ。

3つを混ぜこねたダンゴを作り、継続的に投げ込めば、カラスは餌場だと認識する。

るカラスの大群。心臓の弱い人間なら半狂乱になるはずだ。

また、餌を継続的に投げ込めば、庭に巣を作ってくれるかもしれない。カラスを許可なく捕獲したり駆除する※ことは鳥獣保護管理法により禁止されているため、そうなれば隣人宅はカラスの鳥害に延々悩まされることになるわけだ。

ハツカネズミを放って怪奇現象

夜遅く、家の中に突然鳴り響く「パキッ」「ミシッ」「ドンッ」という音。人がいないはずの部屋から聞こえてきて、思わずビクッとなった経験はないだろうか。これはラップ現象と呼ばれるもので、家屋の木材が乾燥により収縮し、木材が割れる時に発生する音。すなわち、怪奇現象でもなんでもなく、単なる自然現象だ。

しかし、世の中にはラップ現象を怪奇現象だと思い込み、怖がる人もいるというから面白い。ならば、復讐のターゲットである隣人宅にも怪奇現象を起こして恐怖を味わわせてあげよう。

※捕獲したり駆除する
捕獲するには、許可を持つ専門の業者に依頼する必要がある。

それを発生させるためには、ペットショップでハツカネズミを購入※してくる。ハツカネズミはペットとしてのほか、エサ用マウスとしても販売されており、1匹数百円で買える。1万円も出せば、かなりの数を購入できるだろう。

この大量のハツカネズミを隣人宅に放流すれば、家の中で繁殖して小型コロニーを形成。天井裏や壁の裏などに棲みついて走り回り、奇怪なラップ現象が発生するという計画だ。ハツカネズミは繁殖力が非常に強く、一度の出産で5〜6匹を生み、生まれた子どもは生後5週間で生殖を開始する。まさにネズミ算で増えていき、家のあちこちで怪奇現象を引き起こしてくれるだろう。

ちなみに、ハツカネズミをリリースする際にはポイントが2つ。放つタイミングと場所だ。

まず、ハツカネズミは寒さに弱く、気温が10℃を下回ると動けなくなり死んでしまう。しかし逆にいえば、寒くなると暖を求めて家屋に侵入しやすくなる、ということでもある。なので、放流するのは冬の前後、すなわち秋や初春頃がいいだろう。ちょうどその時期

※**ハツカネズミを購入**
自然のクマネズミやドブネズミを放流できればよいのだが、捕獲にはリスクを伴う。噛まれると復讐以上のダメージを自分が食らう可能性が高い。

ハツカネズミ。頭胴長（頭からしっぽの付け根までの長さ）6〜10cmの小型ネズミだ。

はハツカネズミの繁殖期でもある。

また、家屋に侵入しやすい場所にリリースすることもポイントだ。ハツカネズミは５００円玉サイズの隙間があればどこからでも侵入してしまう。戸建住宅であれば、床下の通風口、エアコンの配管穴、出窓の下などが侵入経路になる。その付近に餌※を撒き、侵入経路へと誘導するとうまい具合にターゲット宅の家屋へと移住を開始してくれるだろう。

水道を物理的に寸断する

ライフラインに不具合が生じた場合、賃貸物件よりも持ち家の方が面倒なことが多い。賃貸物件であれば、借主に代わって大家や管理会社が対応してくれることもあるが、持ち家の場合は修理対応も修理費用の負担も家主自身がしなければならないからだ。

すなわち、第2章で取り上げたライフラインの寸断。これを隣人の持ち家に対して行うと、より深刻なダメージを与えることになる。

※餌を撒き
ネズミ用のペレットなども販売されているが、ドッグフードで十分。

また、両隣に人がいるマンションでは派手な工作は控えざるを得ないが、戸建住宅であれば大胆な工作、つまり物理的に破壊することもできてしまう。

ライフラインの中でも、最も効果的なのは水道だ。そのために狙うのは、住宅1軒につき1つある量水器（水道メーター）である。地域によって異なるが玄関先などの地面に埋め込まれており、フタを開けると水道管に水道料金計測用のメーターが設置されている。家庭で使う水はすべてここの水道管を通っているため、この配管を破壊すれば水道を寸断することができてしまう。

最近の水道管は金属からH－VP（樹脂）やポリエチレンへとシフトしているが、メーター周りは鉄管や銅管になっていることが多い。大型のペンチなどで潰せば、簡単に凹んでしまう。完全には潰せなくても、一度壊れた管は修復不可能で、水道の圧力はかなり弱まってしまうだろう。シャワーの出が悪くなり、トイレも流しきれなくなるなど、住人をイライラさせるには十分だ。

完全に水道を止めてしまうのであれば、水道メーターに付いてい

量水器のフタを開けると、水道管と水道メーターがある。この水道管を潰すと水が止まったり水圧が弱くなる。

量水器の場所は地域によって異なるが、敷地の玄関近くにあることが多い。フタにカギなどはない。

るレバーをひねればいい。このレバーは水道の元栓[※]で、レバーの向きを変えれば家庭への給水が完全にストップする。そして、給水を止めた後で、元栓をガチガチに固めてしまえばしばらく水道が使えなくなる。

ホームセンターなどに行くと「ホームモルタル」なる、最初から砂とセメントが混ざっているものがあるので、これを使うと早そうだ。適量を水と混ぜて反応させ、できたセメントを量水器ボックスに流し込んで元栓部分を埋めてしまう。完全に固まると、これを復旧させるためには、周りのセメントをすべて掘り返さなければならなくなる。復旧までには相当な時間と労力がかかる上、元栓が閉まったままなので、その間水道は一切使えない……その生活がどんな悲惨なものかは想像に余る。

電気を強制的にシャットダウン

水道と同様、生活に欠かせない電気も物理的に止めることが可能。

※水道の元栓
止水栓という。レバーではなく、ハンドルを回すようになっていることも多い。また、サビなどのせいでレバーやハンドルが動かせない時は、プライヤーなどの工具を使うと回しやすくなる。

もしターゲットの隣人宅に門灯があれば、それを利用して電気を遮断することができてしまう。

門灯は暗くなると自動で点灯し、明るくなると自動で消灯する。これはCDSと呼ばれる回路で明るさを検知し、スイッチをON／OFFしているのだ。余談だが、電柱などに付いている街路灯が暗くなると点灯し、明るくなると消灯するのはこのCDSによる。

そして、門灯はスイッチがONになって点灯している時は通電しているが、昼間の消灯時は電気が通っていない。そこで、その隙を見計って門灯のケースを外し、中のケーブルを取り出す。ケーブルは白色と黒色の２本あるはずだ。クギを１本用意し、その２本を貫通させるようにクギを刺しておけば準備は完了だ。

この仕掛けにより、日が陰って門灯のCDSがONになった瞬間、電気が通りショートしてしまう。家の中のブレーカーが落ち、部屋はすべて真っ暗になってしまうのだ。ブレーカーを上げたとしても門灯はショートしっぱなしなので、すぐにまた電気が落ち、家の中の電子機器は一切使えなくなってしまう。

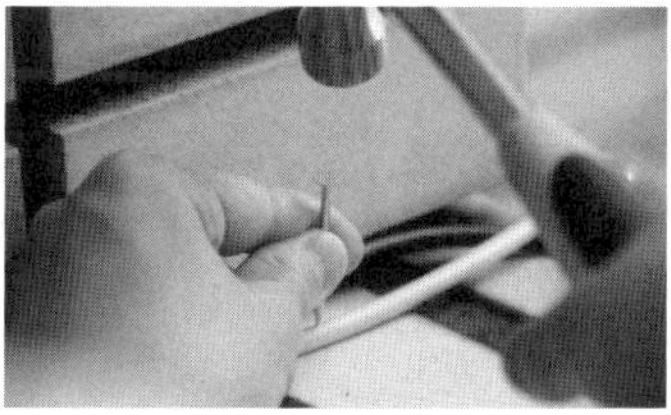
カバーを取り外すと根元部分にケーブルが見える。白色と黒色のケーブル2本にクギを刺す。

門灯のカバーは、大抵がプラスネジで固定されている。ドライバーで外し、ケーブルを取り出す。

電気のことを多少知っていれば復旧可能かもしれないが、相手がシロウトであれば原因が分からず右往左往するしかないだろう。電気屋を呼ぶまで、一切電気が使えない生活を送るハメになる。

磁石1つでいつでもガスを閉栓する

ライフラインといえばガスもだが、ガスメーターは特殊な取り付け構造になっており、その上ガス管にはシール材が塗られ、非常に固く固定されている。そのためシロウトが家庭のガス設備を物理的にどうこうするのは無理筋。だがしかし、ガスメーターにはガスを止める裏ワザのような方法がある。必要なのは磁石1つだけだ。

メーターの種類によって位置は異なるが、ガスメーターをよく見ると、正面のカウンター付近に丸い形のくぼみがあるのが分かる。実はこのくぼみの下にガスメーターをオフにするスイッチが内蔵されていて、くぼみに専用のマグネットを当てるとガスメーターが自動停止する。すなわちガスが閉栓され、出なくなるのだ。

ガスメーターの正面を見ると、丸い形のくぼみがある。ここにマグネットを当てると、設定の変更や機能停止ができるようになっている。

引っ越しでマンションのガス利用を停止するとガス会社の作業員が来てガス栓を閉じるが、あれはガスメーターに専用のマグネット※を当てて閉栓作業をしているのだ。しかし、専用のマグネットでないと作業はできないわけではなく、ネオジム磁石のような強力な磁石であれば代用可能。それを使って一般人でも同じようにガスを閉栓できてしまうのだ。

しかも、好きな時にいつでも止めることが可能なのである。夕食の準備中やお風呂の時間帯に突然お湯が使えなくなったら……隣の家からヒステリックな叫びが聞こえてきてもおかしくない。さらに、ガスメーターを復帰するにはガス会社の作業員に来てもらう必要もある。それもターゲットには大きな負担だ。

児相・動物愛護センターに匿名通報

隣の家の子どもの騒ぎ声が毎日うるさく、しかも親はそれを放置している。そんな悩みを抱えた人達が生み出した方法に、児童相談※

※専用のマグネット
作業員が使用する専用のマグネット自体、なぜかネットショップで販売されていたりする。Yahoo!オークションなどに出品されていることもある。約1㎝径の棒状の小型マグネットだ。

※児童相談所に通報
児童相談所虐待対応ダイヤル「189」にかけると、近くの児童相談所につながる。通報は、匿名で行うこともできる。

所に通報するというものがある。

「毎日子どもの泣き声がする」「虐待されているかもしれない」などと電話を入れれば、このご時世である。児童相談所は48時間以内を原則として、速やかに子どもの安全確認に動く。隣人は児童相談所職員の訪問を受ける上、長時間の面談※に応じなければならず、時間もメンタルも削られるというわけだ。

場合によっては虚偽の通報にあたる行為だが、通報者達はいざとなれば〝勘違い〟や〝早とちり〟だったという言い逃れを用意しているという。そもそも児童相談所への通報は匿名でできてしまうのだが……。

同じようなことは、ターゲットが犬を飼っていてもできてしまう。この場合は、各都道府県の動物愛護センターに「隣で飼われている犬が吠えまくっている」「唸り声がひどい」などと繰り返し電話するのだ。

犬がしつこく吠えるのは、ストレスを感じているサインである。動物愛護センターの職員もその辺りのことは分かっている。飼い犬

※**長時間の面談**
どんなにスムーズに終わっても30はかかる。長ければ1～2時間。

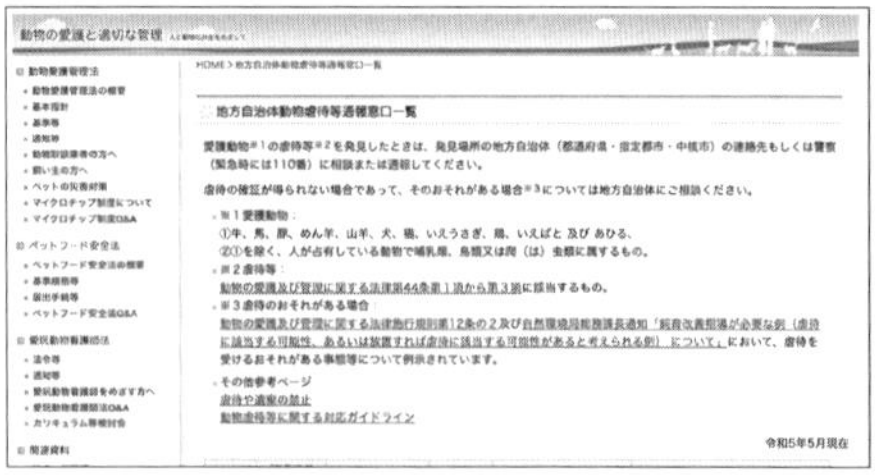

各都道府県の動物虐待の通報先は、環境省のサイト「地方自治体動物虐待等通報窓口一覧」で調べられる。

が虐待されている可能性があると考えれば、職員が飼い主を訪問。やはり長時間の聞き取り調査が行われ、ターゲットは痛くもない腹を探られることになる。愛犬家が犬虐待の疑いをかけられれば精神的ダメージは大きい。

事故物件報告サイトに勝手に登録

ネットにはさまざまな情報共有サイトがある。例えば、迷惑電話の共有サイトには、振り込め詐欺や勧誘・セールスの電話番号が投稿され、共有されている。このサイトをチェックすれば、電話帳に未登録の番号から着信があった時に、電話に出るか否かを判断しやすくなるわけだ。

ただし、サイトによっては掲載にあたっての検証や裏取りなどが十分に行われていないのが実情で、不正確な情報がアップされることも少なくない様子。つまり、虚偽の報告をすることで特定の人物を貶めることもできてしまうことになる。

実際、某ネット掲示板では、これらを利用したイタズラが連日行われている。対象はニュースを騒がせた有名人、うっかり住所を晒してしまった一般人などさまざま。基本的には削除申請などを行うと対応してくれるようだが、一時でもネットに悪い評判が上がってしまったらダメージは大きい。

そこで、復讐のターゲットである隣人の情報も、さまざまな情報共有サイトに報告してあげよう。

例えば、住所であれば、事故物件報告サイト。その物件で殺人や自殺、火災などが発生したかを、親切に網羅したサイトだ。ビルやテナントに限らず、アパートなどの賃貸物件などもカバーしており、報告はサイト上のマップから行う。ここにターゲットの自宅を事故物件として報告すれば、持ち家の評価額が下がったり、買い手や借り手が付かなくなるといった実害も生じるため、サイト上でも「事実無根なので取り消してほしい」とのコメントが目立つ。

さらには、ターゲットのマイカーナンバーを悪質ドライバー報告サイトに報告。本来はあおり運転を行う悪質ドライバーの情報を共

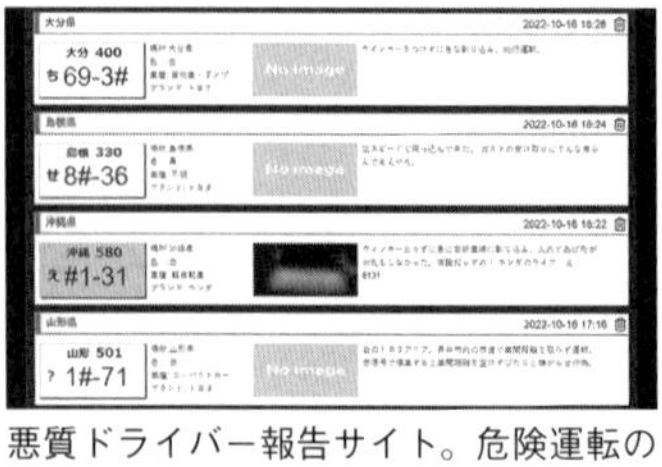

悪質ドライバー報告サイト。危険運転の内容、相手の車のナンバーと地名、車種などを通報する。報告は匿名で行う。

殺人や自殺などが発生した事故物件の情報を提供するサイト。事故物件として公開されると物件取引に影響も……。

有するためのサイトだが、「クラクションがうるさかった」「サンキューハザードなしだった」程度でも晒されている。ナンバーは一部を隠すのがお約束だが、車種や写真投稿も可能になっていて、特定できる状態での報告も可能。ターゲットを悪質ドライバーに仕立て上げて晒すのも容易ということだ。

隣人の迷惑行為をライブ配信で晒す

車が傷つけられたり、ペットのフンが家の周りに放置されたりといった近隣住民の嫌がらせに悩んだら、監視カメラの設置が効果的だ。犯人の特定はもちろん、いざという時の証拠撮り、さらにはイタズラを抑制する効果もあるだろう。

加えて、犯人を精神的に追い込みたいなら、録画するだけではなく、そのまま映像を生配信して拡散するという手もある。

今やスマホやネットワークカメラが1台あれば、手軽にリアルタイム配信ができる時代だ。自宅前の道路や玄関前、駐車場の様子などを、YouTubeライブやツイキャスといったサービスを使ってストリーミング配信するのだ。事実、隣人の騒音やトラブルを撮影した映像はYouTubeに大量にアップロードされており、中には100万再生に近いものもある。夜の営みの声が迷惑な隣人カップルなら、アノ声を集音マイクで全世界に発信してあげたり……。非常識な隣人の私生活を世界中に発信すれば、その行動がネット上で拡散、炎上するかもしれない。

とはいえカメラの設置は、あくまで自宅の防犯が建前なので「プライバシーの侵害だ！」などと突っ込まれないことが肝要。そのためには「防犯カメラ作動中」のステッカーを事前に貼っておくなど、撮影を周知していた実績を作っておくと予防線になる。隣人宅やマンションの共用部分が〝たまたま映り込む〟カメラ位置を見つけることも重要だろう。

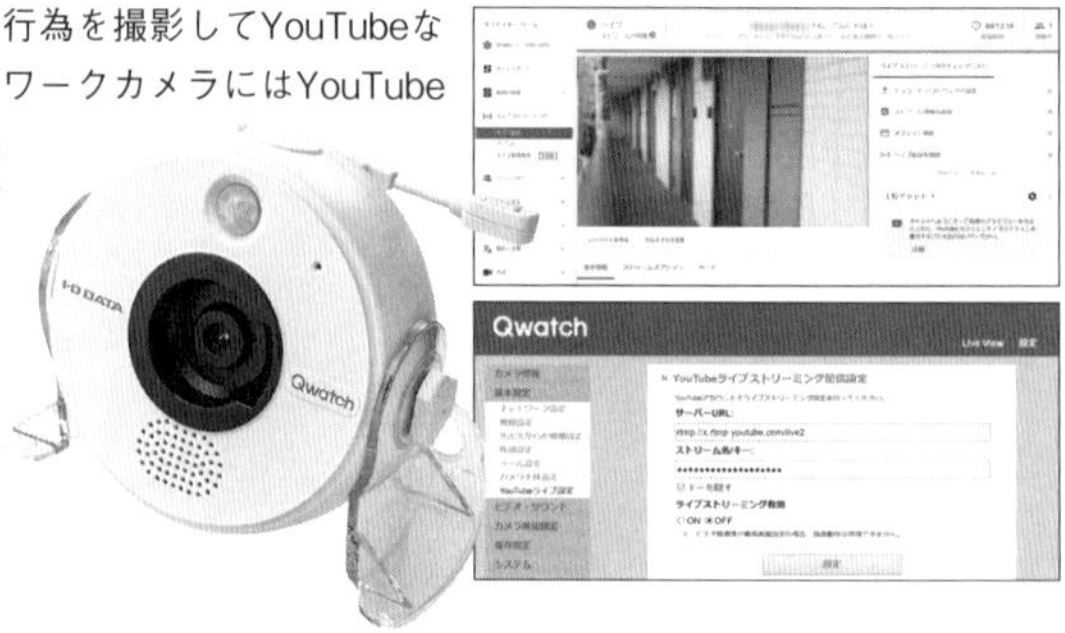

隣人の騒音や迷惑行為を撮影してYouTubeなどで配信。ネットワークカメラにはYouTubeライブの配信機能を搭載した製品があるので、それを使うと便利だ。

第7章

悪質な輩に復讐

社会には自分のことしか考えない身勝手で理不尽な人間が少なからずいる。皆が欲しい商品を一人で買い占める転売ヤー、言葉巧みにゴミ商品を売りつけるセールスなどはその典型といえるだろう。

もしそんなヤツらにひどい目に遭わされたら……泣き寝入りはできない。この章では、私達の生活を脅かす輩を成敗する方法を模索してみる。

転売ヤーのアカウントを停止させる

トレーディングカードやゲーム機、さらにはライブチケットまで、転売ヤーによるメルカリでの超高額出品が繰り返されているのはご存じの通り。コロナ禍には、マスクやトイレットペーパーの転売が社会問題になったことも記憶に新しい。

こうした超高額出品はメルカリに通報することもできるが、出品に規制がかかると、表示される写真と品名を変えての裏取引に移行する始末。その商品が本当に欲しい人達を食い物にするメルカリ転

■該当商品
商品ID：[redacted]
商品名：入手困難　コストコ　トイレットペーパー　30ロール
価格　：5,555

またお客さまのご利用状況を拝見させていただきましたところ、度重なるメルカリの規約違反に該当する内容がございましたので、無期限の利用制限を行わせていただきました。

規約違反を繰り返す銭ゲバ転売ヤーに、メルカリから届いたアカウント無期限停止のメール。

売ヤー。ヤツらのアカウントを停止させ、超高額転売をやめさせる〝転売屋バスター〟の手法を考えてみよう。

最も効果的な方法は、転売ヤーから商品を買って支払いを放置すること……なのだが、そんなことをすると、支払いに応じない転売屋バスター側にメリカリから警告が来て、転売屋バスター自身のアカウントが停止させられてしまう。

そこで利用するのが、コンビニ払いを選択して放置する方法。支払い期限が来るまでは、いくら支払いを放置しても転売屋バスターのアカウントが停止されることはないのだ。

しかし、これを知った転売ヤーは、コンビニ払いを非対応にしてくる。ならば次なる手段は、プリペイド式のクレジットカード「Vプリカ」の利用だ。これを登録して、クレジットカード払いを選択。Vプリカはコンビニやネットでチャージした金額のみが使えるネット専用クレジットカード（第1章を参照）だが、残高をゼロにしておけば、引き落としができない。メルカリから支払い方法変更の通知が来るまで、支払いを引き延ばせるというわけだ。

相手が警戒してコンビニ支払いを外していたら、クレジットカードを選択。残高ゼロなら引き落とせない。

転売ヤーへの支払いを引き延ばす方法としては、コンビニ決済を選んで放置する手がある。

支払い待ちの期間、転売ヤーは身動きができない。妨害であることを知り、業を煮やして落札者を短期間のうちに頻繁に削除すると、今度は転売ヤーが規約違反としてアカウントが無期限停止になる。1人の転売ヤーに対して、複数の転売屋バスターが呼応すると威力抜群だ。

Amazonの悪質ショップに返品攻撃

Amazonの販売方法には主に2通りあり、Amazonが直接販売する方式以外に、商品はAmazonの倉庫から発送はするものの販売自体は別のショップが行っているAmazonマーケットプレイス方式がある。

Amazonで購入した外国製品※には、「作動しない」「キズがある」といった初期不良があることも少なくない。返品や交換をしようと商品の掲載ページを見ると、Amazonマーケットプレイスの場合、不良品の時は販売したショップに連絡してほしい旨が書か

※外国製品
特に星5つ評価ばかりの中華製品などは、製品管理が甘いことが多い。こういうステマ商品を避けるには、買う前に「サクラチェッカー」で評価のサクラ度をチェックするのが基本。

れていることがある。ショップに連絡すると「すぐに代替品を送るので、不良品は返さなくていいです」となり、良心的なショップに見えて得した気分になるが……。しかし、送られてきた商品がまたもや不良品。ショップの評価も「低い」が多いのであれば、ゴミばかりを日本人に売りつける悪質なショップの可能性がある。

そんなショップに制裁を加える方法が、クレームによる返品攻撃だ。ショップとは裏取引きをせずに、返品のフォーマットを使って※Amazonに直接返品する。ここで必要なのが返品の理由だが、事実のまま「商品に不具合または損傷がある」を選択する。そして、商品を何度か買い、同じ理由での返品を複数回繰り返すわけだ。

するとどうなるか？　このようなショップ側のミスでAmazonへの返品が複数回あると、Amazonは商品の調査が必要だと判断する。そして実際に調査が行われることになれば、出品者は複数の書類提出を求められる上、調査が完了するまで商品を出品できず、販売機会を失うことになる。もちろん売り上げもなくなり、ショップとしては相当なダメージだ。

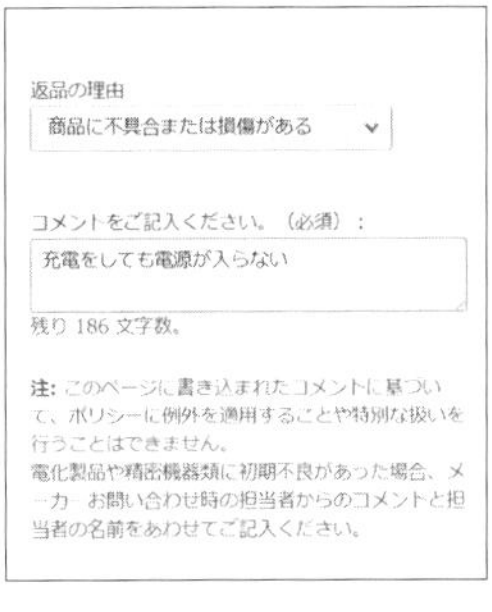
返品の理由
商品に不具合または損傷がある
コメントをご記入ください。（必須）：
充電をしても電源が入らない
残り 186 文字数。
注: このページに書き込まれたコメントに基づいて、ポリシーに例外を適用することや特別な扱いを行うことはできません。
電化製品や精密機器類に初期不良があった場合、メーカーお問い合わせ時の担当者からのコメントと担当者の名前をあわせてご記入ください。

Amazonは配達日から30日以内であれば返品が可能。注文履歴から「商品の返品」を押し、返品理由を選択する。

※**Amazonに直接返品**
Amazonの返品システムは便利だが、30日が経過すると返品ボタンが消える。その場合、カスタマーサポートのチャットから問い合わせる方法もある。

ショップが直接、不良品の代替品を送ってくるのは、実はこのような事態を避けるためなのだ。決して良心的なショップであるとは限らないのである。

ひどい飲食店の評判を落とす

安価な飲食店を利用していると、接客態度の悪い店や入店前に提示した金額を上回る会計をするような店に出くわすことがある。そのような店に抗議の意を示すには、ネットの口コミサイトで低評価を付けてやるのが効く。今や飲食店は、ネットで悪評が広まることを何より恐れるからだ。

ただし、「食べログ」で低評価を与えても、店側が削除依頼できるため、投稿しても消されてしまう可能性が高くあまり意味がない。

そんな時は、「Googleマップ」の「クチコミ」を使った方がいいだろう。Googleマップでも飲食店に対して5段階評価の口コミが投稿できるが、こちらでは悪評であっても〝事実〟であれば消されることはない。そこで、「料理が不味い上に臭い」「お茶に小バエが入っていた」「店員の態度が悪い。注文してもおしゃべりしていた」などの率直なコメントとともに、星1評価をしてあげるわけだ。その気になればGoogleアカウントを量産して低評価を付けることで、その飲食店の評価の平均点を大きく下げることもできてしまう。低評価を連投すれば少しは腹の虫も収まるだろう。

ただ、食あたりを起こすほどの悪質店には、きっちり制裁を加えたいもの。しかし、保健所に食中毒を訴えても複数からの通報がないと、食物の特定ができないので保健所が動くことはまずない。

ということで利用したいのが「消防法」だ。雑居ビルの場合、店の非常口や避難路になっている廊下に荷物やゴミ箱が置かれていれば、避難路を塞いでいる消防法違反の可能性がある。

しっかりと写真を撮って所轄の消防署に通報すれば、店が入っているビルに消防査察※が入ることもあるだろう。店には荷物の片付けや消防査察への対応など、時間的な損害や精神的な圧迫を与えてやれるのだ。

※消防査察が入る
消防法令違反の飲食店や建物は、違反公表制度により、消防局ホームページ上に公開される。そうなれば店の評判はガタ落ち。

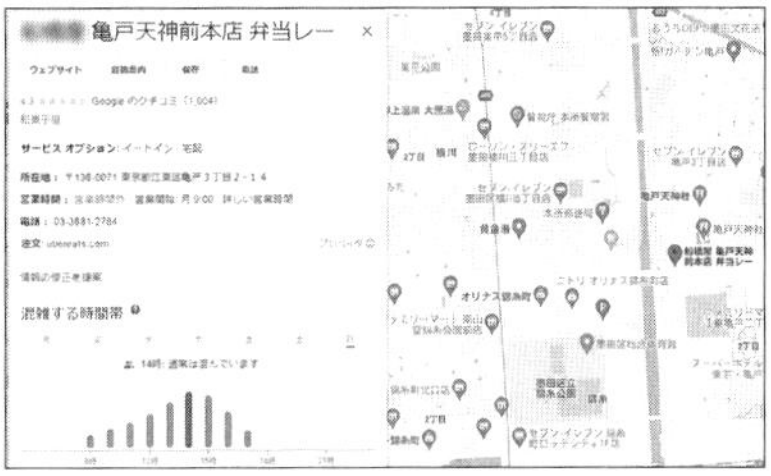

Googleマップの「クチコミ」は、Googleアカウントがあれば誰でも自由に投稿できる。

天敵を味方につけて悪質セールスに反撃

いつの時代にも存在しているのが、強引なセールスだ。悪質な業者に訪問されて高齢者が得体の知れない高額な健康器具を買わされる、若者をターゲットにした路上のキャッチセールスに価値のない絵を売りつけられる、などというのはよくある話。警察に行ったとしても、ハッキリいってこの程度のことで動いてくれることはない。死人が出ない限り動かないのが日本の警察なのだ。

だったら悪質なセールスは野放しにするしかないのか、と思ってしまうが、悪質業者にも天敵は存在する。国民生活センター（消費生活センター）がそれだ。

悪質業者に復讐したければ、消費生活センターに駆け込むのがベスト。消費者庁の消費者ホットライン、3ケタ特番の「188」に電話をすると、住んでいる市区町村が設置する行政機関の消費生活センターにつながる。

悪質業者から物を買わされた場合、特定商取引法に基づいて販売

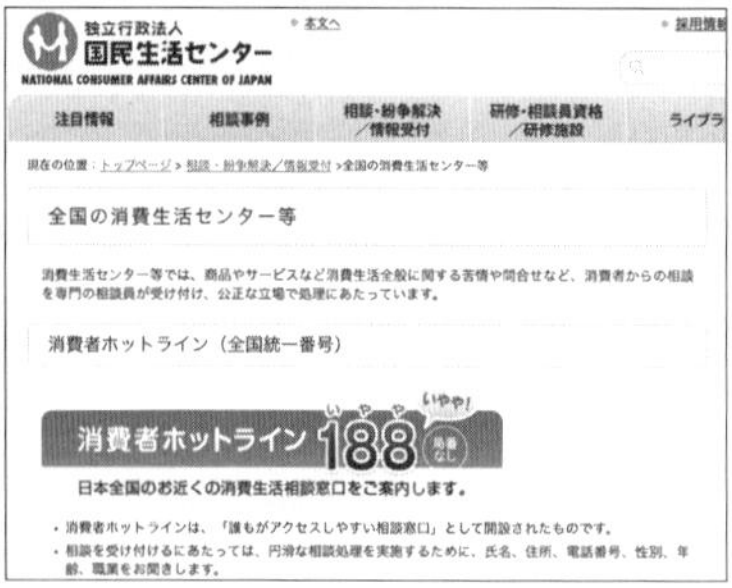

ニセモノなどの製品を購入してしまった場合、消費生活センターに通報するのが効果的。3ケタ特番の「188」に電話する。

しているので、契約後も一定期間内※であればクーリング・オフが可能だ。しかし悪質業者だけに、個人でクーリング・オフしようとしても難癖をつけられるが、消費生活センターを通してクーリング・オフすれば、ほぼ１００％成功する。何せ消費生活センターに睨まれると、悪質業者としては商売がしにくくなるのだ。

以前の消費生活センターは重大な案件であっても警察に連絡するだけで、業者への権限はなかった。しかし、消費者庁の設置によって業者への勧告や立ち入り調査の権限を得たので、悪質業者にとってはまさに天敵。クーリング・オフに応じざるを得ない。

ヌルい消費生活センターだと問題解決だけで終わらせるが、やる気マンマンの消費生活センターだと、ブラックリストを公開して、その悪質業者を徹底的に指導してくれるところもある。

しかも、相談の仕方で話はいくらでも大きくできてしまう。例えば、「強面の人が強い口調で……」とか「長時間閉じ込められて長話をされて……」などと、身の危険を感じて買うしかなかったという話をすれば、消費生活センターも本気で潰しにかかってくれるの

※**一定期間内**
特定商取引法により、契約後も８日間以内であれば契約を解除できる。契約書面自体を受け取っていない場合は、期間を過ぎていてもクーリング・オフできる。

で、悪質業者としてはたまったものじゃない。悪質なセールスに対して報復しようとしたら、消費生活センターをタテにするのが1番なのだ。

迷惑駐車の塗装をメチャクチャにする

自動車やオートバイの迷惑駐車。公道に駐車しているのであれば警察に通報して駐車違反として取り締まられ、それで終了する。しかし、駐車場や敷地内の公開スペースといった私有地への迷惑駐車は、民事不介入により警察は手出しができない。迷惑駐車の常習者はそれを知った上で堂々と駐車しているのだ。

1回や2回ならまだしも、常習化すると厄介で、警告書をワイパーに挟んだくらいでは態度を改めない。他人の土地を我が物顔で使う迷惑駐車のドライバーには、実力行使を伴う警告をしないと分かってもらえなさそうだ。

それなら、水鉄砲に車の塗装面を浸食する液体を入れて、離れたところから浴びせたらどうだろうか？　いくら警告しても迷惑駐車を止めないドライバーには、本人ではなく車に痛みを感じてもらうのだ。

水鉄砲はＡｍａｚｏｎで売られているオモチャで十分。「超強力」を謳ったウォーターガンは圧縮空気により遠くまで飛ばすことができる。この水鉄砲に、クルマやオートバイのブレーキオイルとして使われている「ブレーキフルード」を入れて撃つのだ。

ブレーキフルードには車やオートバイの塗装を溶かす効果がある。しかも、塗装剥離剤のようなゲル状ではなく、水に近い液体なので、水鉄砲で５～６ｍは飛ばせるだろう。ターゲットから離れた場所から自由に攻撃できてしまうのだ。

ブレーキフルードが付着したボディの塗装面は、数時間程度で塗装が剥離し、そのまま１日放置すると完全に剥がれ落ちてしまう。気がついた時には、車のボディは見るも無残な姿に変わっているだろう。

最近の車には盗難防止用カメラや警告センサーが搭載されている

ブレーキフルードは一般的にグリコール系が使われる。低粘度で塗装を浸食しやすいのが特徴。

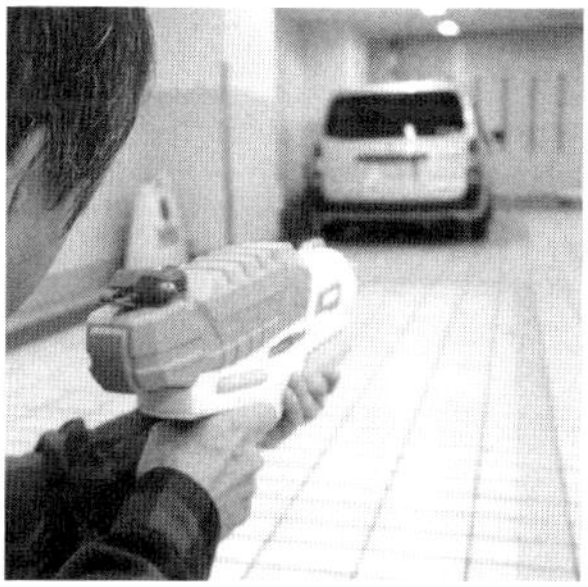

離れた安全なところから撃ち込むには水鉄砲を使う。ポンピングした圧縮空気で飛ばすので、５～６ｍは飛ぶ。

こともあるが、水鉄砲の水しぶき程度なら盗難防止センサーも反応しない。その点でも安心だ。

暴走族にガス欠攻め&カギ穴破壊

夜中になると、爆音とともにオートバイを乗り回してはバカ騒ぎをする暴走族。さすがに令和の時代は絶滅しているかと思いきや、都市圏でもしぶとく生き残っているから驚きだ。走り去るだけならまだしも、そのメンバーが家の近くにいたら最悪。爆音に悩まされ、直接注意しようものなら後で何をされるか分からない。

ならば、オートバイにちょっとした細工をして、走りを邪魔してやろう。暴走族が好む旧車には、ガソリンタンクの直下に燃料コックが付いている。通常は「オン」にしているが、このレバーを90度に回転して「オフ」にするのだ。すると、ガソリンタンクからの流れが止まり、キャブレターと燃料ラインにあるガソリン分だけしか走れなくなってしまう。つまり、数百m走ったところでエンストす

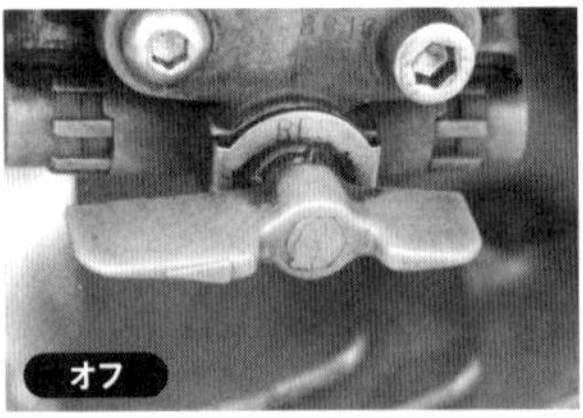

燃料コックを「オフ」(横向き)にすると、数百m走ったところでガソリンが途絶えて突然エンストする。

るのは確実。まさか、燃料コックがオフになっているとは思わない暴走族は、路上であたふたするだろう。

また、燃料コックを半回転させて、「リザーブ」にしておく手もある。リザーブとは、ガソリンタンク内にある予備ガソリンのこと。通常はオンの状態でガス欠になったら、リザーブに切り替えてガソリンスタンドに直行するわけだ。しかし、リザーブであることに気づかないで暴走していると、ガス欠した時には予備ガソリンを使い切っているので、完全なガス欠に。重たいオートバイを押して帰るしかなくなるというわけだ。

これらはイタズラレベルだが、本格的に走りを邪魔するなら、オートバイのカギ穴に針金を突っ込んで折ってしまう、という乱暴な手口も考えられる。こうしてカギ穴に針金を詰まらせると、キーを刺すことができなくなり、バイクを動かすことも不可能になる。

しかも、カギ穴内部に傷が付いて変形したり破損したりすれば、もはやカギ自体を交換するしか方法はない。バイク屋での修理が必要になり、しばらくはオートバイの爆音を聞かずに済むことになる

オートバイのカギ穴に針金や接着剤を詰まらせると修理が効かず、交換するしかなくなる。

燃料コックを「リザーブ」（上側）にすると、予備のガソリンを使い切ってしまい完全にガス欠する。

かもしれない。

たむろする若者をモスキート音で撃退

電車やバスの中ではしゃぎ回る若者達。青春を謳歌するのはかまわないが、大声でのバカ話や笑い声は非常に迷惑だ。公共の場ではお行儀をよくする。そんな一般常識をわきまえてもらうためには、モスキート音の使用が有効だ。

モスキート音とは、17※kHz前後の高周波音。高周波音は歳を取るほど聞こえにくくなるが、若年層には不快な高音と感じられる。耳鳴りのような「キーン」という音がして耳や頭が痛くなるのだ。これを発射すれば、周囲の年配者はなんともないが、若者だけは苦しみ出し、バカ話どころではなくなるだろう。

スマホには、このモスキート音を発生させるアプリがある。Androidの「Mosquito Sound」「周波数ジェネレータ」、iPhoneの「超音波アプリ」などがそれだ。いずれもモ

※**17kHz前後の高周波音**
人間が音として聞き取れる周波数は20Hz〜20kHzといわれるが、老化によって可聴域が狭くなり、高い音から聞きづらくなる。一般的に、成人のほとんどが17kHz以上の高周波音は聞き取れない。

スキート音の周波数は調整可能なので、10代の若者に対しては18kＨＺくらいに設定する。もちろん音量は最大だ。

ちなみに20ｋＨＺに設定すると、小学生以下の子どもだけに聞こえるモスキート音になる。つまり、子どもが騒いでうるさいのに親が何もいわずに放置しているような時、親に気づかれることなく子どもにお仕置きすることもできてしまう。子どもが耳鳴りで苦しんでいても、モスキート音がまったく聞こえなくなっている親には何が起きているのか分からないのだ……。

タチの悪いタクシー運転手を通報

タクシー運転手は「お疲れさまです」と労ってくれるなど丁寧な接客をしてくれる人がほとんどだが、いい人ばかりではないのも事実だ。迂回運転をして料金を余分に払わせようとしたり、荒い運転をしたり、さらにはセクハラ発言を浴びせてくるなど、タチの悪い運転手もいる。

モスキート音を出せるAndroidアプリ「Mosquito Sound」。周波数は9～22kHzに設定可能。

あまりにもひどい対応をした運転手には、それなりの報いを受けてもらうしかないだろう。まず思いつくのが会社へのクレームだが、それでは適当な謝罪の言葉で終わりにされてしまう恐れもある。そこで、仙台、東京、神奈川、大阪であれば、エリアの「タクシーセンター」※に通報するといい。タクシーセンターは、公共財団法人としてタクシーに関する苦情全般を扱う機関で、大きな権限を持っている。ここに実名でクレームするのだ。

匿名のクレームでは事実確認ができないため、問題にしてもらえない。あくまで実名で通報し、タクシー会社名・運転手名・乗車日時、そして領収書に記された車番を告げる。実名を重視するタクシーセンターは、運転手とタクシー会社にドラレコの映像を持参させた上、タクシーセンターまで呼び出して事実確認を行うことになる。詳細な聞き取り調査が行われれば、運転手に時間的かつ精神的な負担を与えられるわけだ。

先の4都市以外の地域の場合は、国土交通省の地方運輸局の自動車交通部に通報する。運輸局にも非常に強い権限があり、タクシー

※タクシーセンター かつてのタクシー運転手は横柄な態度の不届き者も多かった。その改善のためにできたのが「タクシー近代化センター」で、そこから「タクシーセンター」に名前が変わった。通称、タクセン。

タクシーセンターは、仙台・東京・神奈川・大阪に事業所がある。

会社に改善指導を出したり、重ければ営業停止処分を出すこともある。タクシー会社としては運輸局からの呼び出しがあれば平身低頭するしかなく、当然、その原因となった運転手はタクシー会社からペナルティを食らうことになるだろう。

なお、運輸局は個人タクシー※の認可の管轄もしているので、個人タクシー運転手への苦情もここにいうのが効果的だ。

高圧的な役人の個人情報を入手する

何もかも前例やルールに則った上で仕事をこなす、役所の職員。窓口の担当者は、生活保護の申請を認めてくれなかったり、認めても高圧的な態度を取ったりと、個人の事情をことごとく無視してくるアンちゃんだったりする。

どうにかして彼らに抗議してやりたい。その最も手っ取り早い方法が、クレームを入れること。ただし電話※ではなく、文面として送りつけ、それに対して文面で回答してもらうのがベストだ。宛先は

※**個人タクシー**
エコーカードに苦情を書いて送るのも有効。個人タクシーの場合は組合に送られるが、エコーカードによる苦情が何度も来るようだと組合から除名されることがある。運転手は組合からの斡旋を受けられなくなるわけだ。

※**電話ではなく**
電話で怒鳴る人は多いが、職員は聞いているフリをしているだけで聞いていない。

窓口の担当者ではなく、その課の課長もしくは部長。役所といえども、一般企業と同じで、窓口の責任はその課や部の責任でもあるわけだ。

そこで活用したいのが「職員録」。これを見れば、役所内の組織図やその部署の責任者、担当者のデータが事細かに分かる。職員録は、役所の窓口で申請すれば誰でも閲覧が可能※。「役所の情報は基本的には国民の財産であり、すべての書類を公開しなくてはならない」という原則があり、個人の財産や生命に関すること以外は、すべて公開しているのだ。

ただし、職員録を申請すると、窓口の担当者によっては使い道を聞いてくる場合がある。なので、他の資料、例えば「下水道工事に関する報告書」や「数年間の予防接種の記録」などと一緒に閲覧申請すれば、窓口の担当者は勝手に保健所の職員などと勘違いしてくれるだろう。

職員録を手にしたら、閲覧室に直行。自治体によっては、公的資料を見るための閲覧室という便利な部屋が用意されているのだ。そ

※**誰でも閲覧が可能**
ここにもデジタル化の波が押し寄せていて、職員録を電子データ（PDF）で公開している自治体も多い。ダウンロードしたりメールで受け取って、じっくりチェックできる。

こで窓口の担当者や、その課の最も地位が高い人の情報をしらみ潰しに調べていく。

掲載しているデータは、自治体によって異なるが、基本的には役職や氏名、内線番号などだ。そこで得た情報を元に、ターゲットの名前とより具体的な情報を織り交ぜ、クレームをつければ、さぞかし役人どもは困ることだろう。高圧的な態度だった窓口のアンちゃんも、いつしか窓口から消えているかもしれない。

不当な取り締まりをする警察官を告発

何かとからんでくる警察官。特にそれが露骨なのは交通取り締まり※だろう。己の点数稼ぎのためにコソコソと影に隠れて網を張り、見つけ次第、即検挙。こちらが違反をしたのだから、点数と罰金を取られるのは致し方ない。しかし、我々の言い分には一切聞く耳を持たず、恫喝にも近いその高圧的な態度はいかがなものか？

そんな不遜な態度の警察官に、合法的にお灸を据えてやる方法は

※**交通取り締まり**　取り締まりやすいものから取り締まる、というやり口が見え隠れする。〝原付いじめ〟などはその分かりやすい例。

ないだろうか？　となるとやはり、しかるべきところに通報するのが基本線になる。

警察官の職務執行についての苦情は、制度上は各都道府県の公安委員会が受け付けている。公安委員会は都道府県警察を管理する権限を持つ機関だ。しかし、匿名での苦情は受け付けない、メール※の場合は回答しないなど制約が多く、そもそも公安委員会のメンバーは皆非常勤で事務局もないのが実情だ。つまり、ここに通報したところであまり期待はできない。

そのため、実際の警察官へのクレームは警察本部の監察官室に申し立てた方が効果的だ。監察官室は、いわば「警察組織内の警察※」。警察による不祥事や内部犯罪の捜査や取り締まりなどを行っている。また、警察への苦情申し立てに対しても、電話、封書、メールで広く受け付けている。

監察官室に苦情を申し立てる際には、警察官の不当な行動内容とともに識別番号を記載するといいだろう。警察官の胸バッジの半円部分（識別章）には、※アルファベット2文字と数字3ケタからなる

※メールの場合は回答しない
FAXなども不可。文書で提出する必要があり、回答される場合も文書が郵送される。典型的なお役所仕事である。

※警察組織内の警察
監察官室は、警察官の不祥事を見つけるのが仕事。警察官の不祥事を取り締まればそれが実績になる。

※アルファベット2文字と数字3ケタ
アルファベットが所属、番号が警察官個人の識別番号を示している。例えば警視庁の場合、識別章の「EE」は自ら隊所属を表すという具合。

固有の識別番号が刻まれている。

この識別番号を元に監察官室が調査すれば、不当な取り締まりや職質をした警察官に何らかの処分が下されるかもしれない。

おわりに

本書の中でも紹介した「因果応報」という言葉。元々は仏教から出た言葉で、悪意を持って行動すれば悪意が、善意を持って行動すれば善意が返ってくるという意味だ。

本書を読んでいただいたということは、あなたは今、誰かへの報復を考えているのだろう。しかし、復讐を考えている人こそ、この因果応報という言葉を胸に刻んでもらいたい。

因果というのは巡るものだ。つまり、あなたが見事に復讐を果たしたとして、復讐された相手の方はその後どんな行動に出るだろうか？　ターゲットもあなたと同じように、自分をこんな目に遭わせた相手を血眼になって探し、報復しようとするかもしれない。
「やられたらやり返す、倍返しだ！」の決めゼリフで大ヒットしたドラマとは違い、現実は倍返しが決まったところで大円団を迎えてそれで終わるわけではない。「人を呪わば穴二つ」ともいう。本書で紹介した内容をむやみに実行すると、自分に被害がはね返ってくる可能性があるということは、再度忠告しておきたい。

そういったリスクを理解した上でも、どうしても復讐したい相手がいるなら、もしもの時の被害を最小限に抑える工夫が必要だ。自分が常に安全圏にいられるような工夫を考えることも、復讐の一部といえるだろう。

筆者にも許すことができない人間が何人かいる。

はじめて入った会社でパワハラをしてきた直属の上司の

T。こちらが下手に出ているのをいいことに、理不尽な要求ばかりしてきた取引先会社のB。自分より上の立場の人間には媚びへつらい、下の立場の人間をいびる女上役のO。出向先で優位な立場から人を奴隷のように扱ったー。この4人は周囲に害を撒き散らす、復讐されて当然のヤツらだった。

このうちーは事業に失敗し、今はかろうじて生きながらえている状態になっているのだが、なぜそうなるに至ったのかはここでは書かないでおこう。復讐は決して相手に悟られてはならない、もちろん吹聴してもいけない……これも復讐の鉄則だ。

最後になるが、本書が社会の理不尽に立ち向かうあなたの一助となれば幸いである。

しまそたい（復讐友の会）

参考文献

『復讐の本』(しまそたい(復讐友の会)著、三才ブックス)

『月刊ラジオライフ』(三才ブックス)

『JISハンドブック 2020』(日本規格協会)

『電波辞典 第3版』(若井登/後藤尚久監修、クリエイト・クルーズ)

『高等学校 化学 化学306』(辰巳敬著、数研出版)

朝日新聞デジタル(https://www.asahi.com/)

NHK公式ホームページ(https://www.nhk.or.jp/)

国民生活センターホームページ(https://www.kokusen.go.jp/)

法務局ホームページ(https://houmukyoku.moj.go.jp/homu/static/)

e-Gov法令検索(https://elaws.e-gov.go.jp/)

特許情報プラットフォーム(J-PlatPat)(https://www.j-platpat.inpit.go.jp/)

復讐の教科書

やられた以上にやり返す報復のための100メソッド

2024年4月15日　初版第1刷発行

著者　しまそたい(復讐友の会)

発行者　塩見正孝

装丁　ヤマザキミヨコ(ソルト)
DTP　ソルト

制作協力　ラジオライフ編集部

発行所　株式会社三才ブックス
〒101-0041
東京都千代田区神田須田町
2-6-5 OS`85ビル3階
ＴＥＬ：03-3255-7995
ＦＡＸ：03-5298-3520
http://www.sansaibooks.co.jp
メール：info@sansaibooks.co.jp

印刷・製本　図書印刷株式会社

ISBN 978-4-86673-346-3 C0076
Printed in Japan